中华人民共和国行业标准

公路桥涵设计通用规范

General Specifications for Design of Highway Bridges and Culverts

JTG D60—2015

主编单位：中交公路规划设计院有限公司
批准部门：中华人民共和国交通运输部
实施日期：2015 年 12 月 01 日

人民交通出版社股份有限公司

图书在版编目（CIP）数据

公路桥涵设计通用规范：JTG D60—2015／中交公路规划设计院有限公司主编. — 北京：人民交通出版社股份有限公司，2015.10
ISBN 978-7-114-12506-5

Ⅰ.①公… Ⅱ.①中… Ⅲ.①公路桥—桥涵工程—设计规范—中国 Ⅳ.①U448.142.5-65

中国版本图书馆 CIP 数据核字（2015）第 224666 号

标准类型：中华人民共和国行业标准
标准名称：**公路桥涵设计通用规范**
标准编号：JTG D60—2015
主编单位：中交公路规划设计院有限公司
责任编辑：李　农
出版发行：人民交通出版社股份有限公司
地　　址：（100011）北京市朝阳区安定门外外馆斜街 3 号
网　　址：http://www.ccpcl.com.cn
销售电话：（010）85285857
总 经 销：人民交通出版社股份有限公司发行部
经　　销：各地新华书店
印　　刷：北京市密东印刷有限公司
开　　本：880×1230　1/16
印　　张：4.75
字　　数：105 千
版　　次：2015 年 11 月　第 1 版
印　　次：2025 年 3 月　第 16 次印刷
书　　号：ISBN 978-7-114-12506-5
定　　价：40.00 元

（有印刷、装订质量问题的图书，由本公司负责调换）

中华人民共和国交通运输部

公 告

第 42 号

交通运输部关于发布《公路桥涵设计通用规范》的公告

现发布《公路桥涵设计通用规范》（JTG D60—2015），作为公路工程行业标准，自 2015 年 12 月 1 日起施行，原《公路桥涵设计通用规范》（JTG D60—2004）同时废止。

《公路桥涵设计通用规范》（JTG D60—2015）的管理权和解释权归交通运输部，日常解释和管理工作由主编单位中交公路规划设计院有限公司负责。

请各有关单位在实践中注意总结经验，及时将发现的问题和修改意见函告中交公路规划设计院有限公司（地址：北京市德胜门外大街 83 号德胜国际中心 B 座 407 室，邮编：100088），以便修订时研用。

特此公告。

中华人民共和国交通运输部
2015 年 9 月 9 日

交通运输部办公厅　　　　　　　　　　　　　　　2015 年 9 月 14 日印发

前 言

根据交通运输部厅公路字〔2009〕190号文《关于下达2009年度公路工程标准制修订项目计划的通知》要求，由中交公路规划设计院有限公司作为主编单位主持《公路桥涵设计通用规范》（JTG D60—2004）的修订工作。

本规范是对原《公路桥涵设计通用规范》（JTG D60—2004）的全面修订。经批准颁发后以《公路桥涵设计通用规范》（JTG D60—2015）颁布实施。

在修订过程中，规范修订组进行了大量的科研工作，吸取了国内其他单位的研究成果和实际工程设计经验；参考、借鉴了国际先进的标准规范；与国内相关规范进行了比较和协调。在规范条文初稿编写完成以后，通过多种方式广泛征求了设计、施工、建设、管理等有关单位和个人的意见，并经过反复讨论、修改，最终定稿。

本规范共分4章和1个附录，主要章节包括：1 总则；2 术语和符号；3 设计要求；4 作用。

本次修订的主要内容包括：补充了有关桥涵总体设计的要求；增加了桥涵设计使用年限、交通安全、环境保护、耐久性、桥梁结构监测和风险评估等的相关规定；增加了桥涵养护设施的设计要求；调整了作用组合分类及计算方法、汽车荷载标准的规定；增加了汽车疲劳荷载等标准值的规定；补充了地震设计状况的规定。

请各有关单位在执行过程中，将发现的问题和意见，函告本规范日常管理组，联系人：翟慧娜（地址：北京市德胜门外大街83号德胜国际中心B座407室，中交公路规划设计院有限公司，邮编：100088，传真：010-82017041，电子邮箱：sssohpdi@163.com），以便修订时研用。

主 编 单 位：中交公路规划设计院有限公司
参 编 单 位：同济大学
　　　　　　　重庆交通大学
主　　　　编：张喜刚
主要参编人员：徐国平　赵君黎　袁　洪　冯　苡　冯良平　徐　栋　邹筑煜
　　　　　　　刘晓娣　黎立新　翟慧娜
参与审查人员：邰玉兰　侯金龙　鲍卫刚　李怀峰　任胜健　王克海　沈永林
　　　　　　　缪玉玲　马　森　秦大航　陈艾荣　贺拴海　张劲泉　王似舜
　　　　　　　彭元诚　李毅谦　王福敏　詹建辉　席广恒　王全录　韩大章
　　　　　　　田　波　陈　阵　包琦玮　韩振勇
参 加 人 员：李文杰　李会驰

目　次

1 总则 ··· 1
2 术语和符号 ·· 3
　2.1 术语 ··· 3
　2.2 符号 ··· 5
3 设计要求 ··· 7
　3.1 一般规定 ··· 7
　3.2 桥涵布置 ··· 8
　3.3 桥涵孔径 ··· 10
　3.4 桥涵净空 ··· 11
　3.5 桥上线形及桥头引道 ·· 13
　3.6 构造要求 ··· 14
　3.7 桥面铺装、防水和排水 ··· 15
　3.8 养护及其他附属设施 ·· 16
4 作用 ·· 17
　4.1 作用分类、代表值和作用组合 ·· 17
　4.2 永久作用 ··· 22
　4.3 可变作用 ··· 26
　4.4 偶然作用 ··· 35
　4.5 地震作用 ··· 37
附录 A　全国气候分区图 ·· 38
本规范用词用语说明 ·· 39
附件　《公路桥涵设计通用规范》（JTG D60—2015）条文说明 ·············· 41
　1 总则 ··· 43
　3 设计要求 ··· 44
　4 作用 ··· 52

1 总则

1.0.1 为规范公路桥涵设计,按照安全、耐久、适用、环保、经济和美观的原则,制定本规范。

1.0.2 本规范适用于新建和改建各等级公路桥涵的设计。

1.0.3 公路桥涵结构的设计基准期为100年。

1.0.4 公路桥涵主体结构和可更换部件的设计使用年限不应低于表1.0.4的规定。

表1.0.4 桥涵设计使用年限(年)

公路等级	主体结构			可更换部件	
	特大桥 大桥	中桥	小桥 涵洞	斜拉索 吊索 系杆等	栏杆 伸缩装置 支座等
高速公路 一级公路	100	100	50	20	15
二级公路 三级公路	100	50	30		
四级公路	100	50	30		

1.0.5 特大、大、中、小桥及涵洞按单孔跨径或多孔跨径总长分类规定见表1.0.5。

表1.0.5 桥梁涵洞分类

桥涵分类	多孔跨径总长 L (m)	单孔跨径 L_K (m)
特大桥	$L > 1\,000$	$L_K > 150$
大桥	$100 \leq L \leq 1\,000$	$40 \leq L_K \leq 150$
中桥	$30 < L < 100$	$20 \leq L_K < 40$
小桥	$8 \leq L \leq 30$	$5 \leq L_K < 20$
涵洞	—	$L_K < 5$

注:1. 单孔跨径系指标准跨径。
  2. 梁式桥、板式桥的多孔跨径总长为多孔标准跨径的总长;拱式桥为两端桥台内起拱线间的距离;其他形式桥梁为桥面系行车道长度。
  3. 管涵及箱涵不论管径或跨径大小、孔数多少,均称为涵洞。
  4. 标准跨径:梁式桥、板式桥以两桥墩中线间距离或桥墩中线与台背前缘间距为准;拱式桥和涵洞以净跨径为准。

1.0.6 公路桥涵应进行抗风、抗震、抗撞等减灾防灾设计。

1.0.7 公路桥涵设计应满足环境保护和资源节约的有关要求。

1.0.8 公路桥涵设计除应符合本规范的规定外，尚应符合国家和行业现行有关标准的规定。

2 术语和符号

2.1 术语

2.1.1 设计基准期 design reference period
为确定可变作用等的取值而选用的时间参数。

2.1.2 设计使用年限 design working/service life
在正常设计、正常施工、正常使用和正常养护条件下，桥涵结构或结构构件不需进行大修或更换，即可按其预定目的使用的年限。

2.1.3 极限状态 limit states
整个结构或结构的一部分超过某一特定状态就不能满足设计规定的某一功能要求，此特定状态为该功能的极限状态。

2.1.4 承载能力极限状态 ultimate limit states
对应于结构或结构构件达到最大承载力或不适于继续承载的变形的状态。

2.1.5 正常使用极限状态 serviceability limit states
对应于结构或结构构件达到正常使用或耐久性能的某项规定限值的状态。

2.1.6 设计状况 design situations
代表一定时段内实际情况的一组设计条件，设计时应做到在该组条件下结构不超越有关的极限状态。

2.1.7 结构耐久性 structural durability
在设计确定的环境作用和养护、使用条件下，结构及其构件在设计使用年限内保持其安全性和适用性的能力。

2.1.8 作用 action
施加在结构上的集中力或分布力（直接作用，也称为荷载）和引起结构外加变形或约束变形的原因（间接作用）。

2.1.9 永久作用 permanent action

在设计基准期内始终存在且其量值变化与平均值相比可以忽略不计的作用,或其变化是单调的并趋于某个限值的作用。

2.1.10 可变作用 variable action

在设计基准期内其量值随时间而变化,且变化值与平均值相比不可忽略不计的作用。

2.1.11 偶然作用 accidental action

在设计基准期内不一定出现,而一旦出现其量值很大,且持续时间很短的作用。

2.1.12 作用的标准值 characteristic value of an action

作用的主要代表值,可根据对观测数据的统计、作用的自然界限或工程经验确定。

2.1.13 可变作用的伴随值 accompanying value of a variable action

在作用组合中,伴随主导作用的可变作用值。可以是组合值、频遇值或准永久值。

2.1.14 作用的代表值 representative value of an action

极限状态设计所采用的作用值。可以是作用的标准值或可变作用的伴随值。

2.1.15 作用的设计值 design value of an action

作用的代表值与作用分项系数的乘积。

2.1.16 可变作用的组合值 combination value of a variable action

使组合后的作用效应的超越概率与该作用单独出现时其标准值作用效应的超越概率趋于一致的作用值;或组合后使结构具有规定可靠指标的作用值。可通过组合值系数对作用标准值的折减来表示。

2.1.17 可变作用的频遇值 frequent value of a variable action

在设计基准期内被超越的总时间占设计基准期的比率较小的作用值;或被超越的频率限制在规定频率内的作用值。可通过频遇值系数对作用标准值的折减来表示。

2.1.18 可变作用的准永久值 quasi-permanent value of a variable action

在设计基准期内被超越的总时间占设计基准期的比率较大的作用值。可通过准永久值系数对作用标准值的折减来表示。

2.1.19 作用效应　effect of action

由作用引起的结构或结构构件的反应。

2.1.20 作用组合（荷载组合）　combination of actions（load combination）

在不同作用的同时影响下，为验证某一极限状态的结构可靠度而采用的一组作用设计值。

2.1.21 作用基本组合　fundamental combination of actions

承载能力极限状态设计时，永久作用设计值与可变作用设计值的组合。

2.1.22 作用偶然组合　accidental combination of actions

承载能力极限状态设计时，永久作用标准值与可变作用某种代表值、一种偶然作用设计值的组合。

2.1.23 作用频遇组合　frequent combination of actions

正常使用极限状态设计时，永久作用标准值与主导可变作用频遇值、伴随可变作用准永久值的组合。

2.1.24 作用准永久组合　quasi-permanent combination of actions

正常使用极限状态设计时，永久作用标准值与可变作用准永久值的组合。

2.1.25 分项系数　partial safety factor

用概率极限状态设计法设计时，为保证所设计的结构具有规定的可靠度，在设计表达式中采用的系数。分为作用分项系数和抗力分项系数两类。

2.1.26 结构重要性系数　factor for importance of structure

对不同安全等级的结构，为使其具有规定的可靠度而采用的分项系数。

2.2　符号

2.2.1　材料性能有关符号

R_{bk}——冰的抗弯强度标准值；

R_{ik}——冰的抗压强度标准值；

γ——材料的重度。

2.2.2　作用和作用效应有关符号

E——主动土压力标准值；

E_j——高度 H 范围内单位宽度的静土压力标准值;
F_{pe}——预加力标准值;
G_{ik}、G_{id}——第 i 个永久作用的标准值和设计值;
Q_{jk}、Q_{jd}——第 j 个可变作用的标准值和设计值;
A_d——偶然作用的设计值;
S_{ud}——承载能力极限状态下作用基本组合的效应设计值;
S_{ad}——承载能力极限状态下作用偶然组合的效应设计值;
S_{fd}——作用频遇组合的效应设计值;
S_{qd}——作用准永久组合的效应设计值;
σ_{pe}——预应力钢筋的有效预应力;
σ_{con}——预应力钢筋张拉控制应力;
σ_l——预应力钢筋的相应阶段的预应力损失。

2.2.3 几何参数有关符号

R——曲线半径;
A_p——预应力钢筋的截面面积;
l——桥梁跨径。

2.2.4 计算系数及其他有关符号

C_t——冰温系数;
f——结构基频;
g——重力加速度;
m——桩或墩迎冰面形状系数;
ξ——压实土的静土压力系数;
φ——土的内摩擦角;
λ——侧压系数;
μ——支座的摩擦系数;
γ_0——结构重要性系数;
γ_{G_i}——第 i 个永久作用的分项系数;
γ_{Q_j}——第 j 个可变作用的分项系数;
γ_L——可变作用的结构设计使用年限荷载调整系数;
ψ_c——可变作用的组合值系数;
ψ_f——可变作用的频遇值系数;
ψ_q——可变作用的准永久值系数。

3 设计要求

3.1 一般规定

3.1.1 公路桥涵应根据公路功能和技术等级，考虑因地制宜、就地取材、便于施工和养护等因素进行总体设计，在设计使用年限内应满足规定的正常交通荷载通行的需要。

3.1.2 公路桥涵线形设计应符合下列规定：
1 中小桥涵线形设计应符合路线设计的总体要求。
2 特大、大桥线形设计应综合考虑路线总体走向、桥区地质、地形、安全通行、通航、已有建筑设施、环境敏感区等因素。
3 特大、大桥宜采用较高的平曲线指标，纵断面不宜设计成平坡或凹曲线。

3.1.3 公路桥涵结构应按承载能力极限状态和正常使用极限状态进行设计。

3.1.4 公路桥涵应根据不同种类的作用及其对桥涵的影响、桥涵所处的环境条件，考虑以下四种设计状况，进行极限状态设计：
1 持久状况应进行承载能力极限状态和正常使用极限状态设计。
2 短暂状况应作承载能力极限状态设计，可根据需要进行正常使用极限状态设计。
3 偶然状况应作承载能力极限状态设计。
4 地震状况应作承载能力极限状态设计。

3.1.5 公路桥梁钢结构部分应根据需要进行抗疲劳设计。

3.1.6 公路桥梁应按相关规定进行设计阶段风险评估。

3.1.7 公路桥涵应按照设计使用年限和环境条件进行耐久性设计。

3.1.8 公路桥涵应考虑养护需要，按照可到达、可检查、可维修和可更换的要求进行设计。

3.1.9 公路桥涵应与自然环境和景观相协调；特殊大桥宜进行景观设计。

3.2 桥涵布置

3.2.1 桥梁应根据公路功能、等级、通行能力及抗洪防灾要求，结合水文、地质、通航、环境等条件进行综合设计，并应符合下列规定：

1 特大、大桥桥位应选择河道顺直稳定、河床地质良好、河槽能通过大部分设计流量的河段。桥位应避开断层、岩溶、滑坡、泥石流等不良地质的河段，不宜选择在河汊、沙洲、古河道、急弯、汇合口、港口作业区及易形成流冰、流木阻塞的河段。

2 高速公路、一级公路上的桥梁宜设计为上、下行分离的独立桥梁。

3.2.2 当桥址处有两个及两个以上的稳定河槽，或滩地流量占设计流量比例较大，且水流不易引入同一座桥时，可在各河槽、滩地、河汊上分别设桥，不宜用长大导流堤强行集中水流。平坦、草原、漫流地区，可按分片泄洪布置桥涵。天然河道不宜改移或裁弯取直。

3.2.3 桥梁纵轴线宜与洪水主流流向正交。对通航河流上的桥梁，其墩台沿水流方向的轴线应与最高通航水位时的主流方向一致。当斜交不能避免时，交角不宜大于5°；当交角大于5°且斜桥正做时，墩（台）边缘净距宜按式（3.2.3）计算，其计算简图如图3.2.3所示。

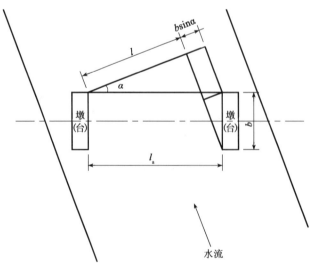

图3.2.3 墩（台）边缘净距计算简图

$$l_a = \frac{l + b\sin\alpha}{\cos\alpha} \tag{3.2.3}$$

式中：l_a——相应于计算水位的墩（台）边缘之间的净距（m）；

l——通航要求的有效跨径（m）；

b——墩（台）的长度（m）；

α——垂直于水流方向与桥纵轴线间的交角(°)。

3.2.4 桥涵水文、水力的计算应符合现行《公路工程地质勘察规范》（JTG C20）和《公路工程水文勘测设计规范》（JTG C30）的规定。

3.2.5 通航海轮的桥梁布置应满足现行《通航海轮桥梁通航标准》（JTJ 311）的规定。通航内河桥梁的布置应满足现行《内河通航标准》（GB 50139）的规定，并应充分考虑河床演变和不同通航水位航迹线的变化。

3.2.6 位于通航水域中的桥梁宜减少在通航水域中设置桥墩，并宜设置于浅水区。可能遭受船舶或漂流物撞击的桥墩，应考虑船舶或漂流物的撞击作用，并应设置警示标志和必要的防撞设施。

3.2.7 桥梁跨越有中央分隔带的多车道公路时，不宜在中央分隔带内设置桥墩。需要设置桥墩时，桥墩结构应考虑汽车的撞击作用，并应在桥墩附近设置必要的防撞设施及警示标志、标线。

跨线桥的桥墩设置在桥下公路的路侧时，不得侵入公路建筑限界。桥墩宜设置在公路路侧净区以外；不能满足时，应设置桥下公路路侧护栏和桥墩保护设施。

3.2.8 为保证桥位附近水流顺畅，河槽、河岸不发生严重变形，必要时可在桥梁上、下游修建调治构造物，并应符合下列规定：

1 调治构造物的形式及其布置应根据河流性质、地形、地质、河滩水流情况以及通航要求、桥头引道、水利设施等因素综合考虑确定。

2 非淹没式调治构造物的顶面，应高出桥涵设计洪水频率的水位至少0.25m，必要时尚应考虑壅水高、波浪爬高、斜水流局部冲高、河床淤积等影响。

3 允许淹没的调治构造物的顶面应高出常水位。

4 单边河滩流量不超过总流量的15%或双边河滩流量不超过25%时，可不设导流堤。

3.2.9 公路桥涵的设计洪水频率应符合表3.2.9的规定，并应符合下列规定：

1 二级公路上的特大桥及三、四级公路上的大桥，在河床比降大、易于冲刷的情况下，宜提高一级洪水频率验算基础冲刷深度。

2 沿河纵向高架桥和桥头引道的设计洪水频率应符合现行《公路工程技术标准》（JTG B01）中路基设计洪水频率的有关规定。

3 对由多孔中小跨径桥梁组成的特大桥，其设计洪水频率可采用大桥标准。

4 三、四级公路，在交通容许有限度的中断时，可修建漫水桥和过水路面。漫水桥和过水路面的设计洪水频率，应根据容许阻断交通的时间长短和对上下游农田、城镇、村庄的影响以及泥沙淤塞桥孔、上游河床的淤高等因素确定。

表 3.2.9 桥涵设计洪水频率

公路等级	设计洪水频率				
	特大桥	大桥	中桥	小桥	涵洞及小型排水构造物
高速公路	1/300	1/100	1/100	1/100	1/100
一级公路	1/300	1/100	1/100	1/100	1/100
二级公路	1/100	1/100	1/100	1/50	1/50
三级公路	1/100	1/50	1/50	1/25	1/25
四级公路	1/100	1/50	1/50	1/25	不作规定

3.3 桥涵孔径

3.3.1 桥涵孔径的设计必须保证设计洪水以内的各级洪水及流冰、泥石流、漂流物等安全通过，并应考虑壅水、冲刷对上下游的影响，确保桥涵附近路堤的稳定。

桥涵孔径的设计应考虑桥位上下游已建或拟建桥涵和水工建筑物的状况及其对河床演变的影响。

桥涵孔径设计尚应注意河床地形，不宜过分压缩河道、改变水流的天然状态。

3.3.2 小桥、涵洞的孔径，应根据设计洪水流量、河床地质、河床和锥坡加固形式等条件确定，并应符合下列规定：

1 当缺少水文资料时，可根据现场调查的多年洪水痕迹、泛滥范围和既有桥涵验算小桥、涵洞的孔径。

2 当小桥、涵洞的上游条件许可积水时，依暴雨径流计算的流量可考虑减少，但减少的流量不宜大于总流量的1/4。

3.3.3 特大、大、中桥的孔径布置应按设计洪水流量和桥位河段的特性进行设计计算，并对孔径大小、结构形式、墩台基础埋置深度、桥头引道及调治构造物的布置等进行综合比较。

3.3.4 计算桥下冲刷时，应考虑桥孔压缩后设计洪水过水断面所产生的桥下一般冲刷、墩台阻水引起的局部冲刷、河床自然演变冲刷以及调治构造物和桥位其他冲刷因素的影响。

3.3.5 桥梁全长应按下列规定计算：

1 有桥台的桥梁为两岸桥台侧墙或八字墙尾端间的距离。

2 无桥台的桥梁为桥面系长度。

3.3.6 桥涵跨径在50m及以下时，宜采用标准化跨径。采用标准化跨径的桥涵宜采用装配式结构及机械化、工厂化施工。桥涵标准化跨径规定如下：0.75m、1.0m、1.25m、1.5m、2.0m、2.5m、3.0m、4.0m、5.0m、6.0m、8.0m、10m、13m、16m、20m、25m、30m、35m、40m、45m、50m。

3.4 桥涵净空

3.4.1 桥涵净空应符合现行《公路工程技术标准》（JTG B01）中的公路建筑限界规定，并应符合下列规定：

1 确定桥面净宽时，应首先考虑与桥梁相连的公路路段的路基宽度，保持桥面净宽与不含土路肩的路基宽度相同。

2 多车道公路上的特大桥为整体式上部结构时，中央分隔带宽度应根据所采用的护栏形式确定，路肩宽度经论证后可采用现行《公路工程技术标准》（JTG B01）有关规定的"最小值"。

3 高速公路和作为干线功能的一级公路上特大桥的右侧路肩宽度小于2.50m且桥长超过1 000m时，宜设置紧急停车带和过渡段，紧急停车带宽度包括路肩在内应为3.50m，有效长度不应小于40m，间距不宜大于500m。

4 桥上设置的各种安全设施及标志等不得侵入桥涵净空限界。

3.4.2 桥面人行道、自行车道和拦护设施的布置应符合下列规定：

1 高速公路上的桥梁不宜设人行道。一、二、三、四级公路上桥梁的桥上人行道和自行车道的设置，应根据需要而定，并应与前后路线布置协调。人行道、自行车道与行车道之间，应设护栏或路缘石等分隔设施。一个自行车道的宽度应为1.0m；当单独设置自行车道时，不宜小于两个自行车道的宽度。人行道的宽度宜为1.0m；大于1.0m时，按0.5m的级差增加。漫水桥和过水路面可不设人行道。

2 通行拖拉机或畜力车为主的慢行道，其宽度应根据当地行驶拖拉机或畜力车车型及交通量而定；当沿桥梁一侧设置时，不应小于双向行驶要求的宽度。

3 桥梁护栏设置应符合现行《公路交通安全设施设计规范》（JTG D81）的相关规定。

4 路缘石高度可取用0.25~0.35m。当跨越急流、大河、深谷、重要道路、铁路、主要航道，或桥面常有积雪、结冰时，其路缘石高度宜取用较大值。

3.4.3 桥下净空应根据计算水位（设计水位计入壅水、浪高等）或最高流冰水位加安全高度确定，并应符合下列规定：

1 当河流有形成流冰阻塞的危险或有漂浮物通过时，应按实际调查的数据，在计算水位的基础上，结合当地具体情况酌留一定富余量，作为确定桥下净空的依据。对于有淤积的河流，桥下净空应适当增加。

2 通航或流放木筏的河流，桥下净空应符合通航标准或流放木筏的要求。有国防要求和其他特殊要求（如石油钻探船只）的航道，其通航标准应与有关部门具体研究确定。

3 在不通航或无流放木筏河流上及通航河流的不通航桥孔内，桥下净空不应小于表 3.4.3 的规定。

表 3.4.3 非通航河流桥下最小净空

桥梁的部位		高出计算水位（m）	高出最高流冰面（m）
梁底	洪水期无大漂流物	0.50	0.75
	洪水期有大漂流物	1.50	—
	有泥石流	1.00	—
支承垫石顶面		0.25	0.50
有铰拱拱脚		0.25	0.25

4 无铰拱的拱脚允许被设计洪水淹没，但不宜超过拱圈高度的 2/3，且拱顶底面至计算水位的净高不得小于 1.0m。

5 在不通航和无流筏的水库区域内，梁底面或无铰拱拱顶底面离开水面的高度不应小于计算浪高的 0.75 倍加上 0.25m。

3.4.4 涵洞宜设计为无压力式的。无压力式涵洞内顶点至洞内设计洪水频率标准水位的净高应符合表 3.4.4 的规定。

表 3.4.4 无压力式涵洞内顶点至最高流水面的净高

涵洞进口净高（或内径）h（m）	管涵	拱涵	矩形涵
$h \leqslant 3$	$\geqslant h/4$	$\geqslant h/4$	$\geqslant h/6$
$h > 3$	$\geqslant 0.75m$	$\geqslant 0.75m$	$\geqslant 0.5m$

3.4.5 立体交叉跨线桥桥下净空应符合下列规定：

1 公路与公路立体交叉的跨线桥桥下净空及布孔除应符合本规范第 3.4.1 条桥涵净空的规定外，尚应满足桥下公路的视距和前方信息识别的要求，其结构形式应与周围环境相协调。

2 铁路从公路上跨越通过时，其跨线桥桥下净空及布孔除应符合本规范第 3.4.1 条桥涵净空的规定外，尚应满足桥下公路的视距和前方信息识别的要求。

3 农村道路与公路立体交叉的跨线桥桥下净空为：

1）当农村道路从公路上面跨越时，跨线桥桥下净空应符合本规范第 3.4.1 条建筑限界的规定；

2）当农村道路从公路下面穿过时，其净空可根据当地通行的车辆和交叉情况而定，人行通道的净高应大于或等于 2.2m，净宽应大于或等于 4.0m；

3）畜力车及拖拉机通道的净高应大于或等于 2.7m，净宽应大于或等于 4.0m；

4）农用汽车通道的净高应大于或等于 3.2m，净宽应根据交通量和通行农业机械的类型选用，且应大于或等于 4.0m；

5）汽车通道的净高应大于或等于 3.5m，净宽应大于或等于 6.0m。

3.4.6　车行天桥桥面净宽按交通量和通行农业机械类型可选用 4.5m 或 7.0m，其汽车荷载应符合本规范第 4.3.1 条有关四级公路汽车荷载的规定。人行天桥桥面净宽应大于或等于 3.0m，其人群荷载应符合本规范第 4.3.6 条的规定。

3.4.7　管线设施的布置应符合下列规定：

1　电信线、电力线、电缆、管道等的设置不得侵入公路桥涵净空限界，不得妨害桥涵交通安全，并不得损害桥涵的构造和设施。

2　严禁易燃、易爆、高压等管线设施利用或通过公路桥梁。天然气输送管道离开特大、大、中桥的安全距离不应小于 100m，离开小桥的安全距离不应小于 50m。

3　高压线跨河塔架的轴线与桥梁的最小间距，不得小于一倍塔高。高压线与公路桥涵的交叉应符合现行《公路路线设计规范》（JTG D20）的规定。

3.5　桥上线形及桥头引道

3.5.1　桥梁纵坡设计应符合下列规定：

1　桥上纵坡不宜大于 4%，桥头引道纵坡不宜大于 5%；桥头两端引道的线形应与桥梁的线形相匹配。

2　位于城镇混合交通繁忙处的桥梁，桥上纵坡及桥头引道纵坡均不得大于 3%。

3　对易结冰、积雪的桥梁，桥上纵坡不宜大于 3%。

3.5.2　在洪水泛滥区域以内，特大、大、中桥桥头引道的路肩高程应高出桥梁设计洪水频率的水位加壅水高、波浪爬高、河弯超高、河床淤积等影响 0.5m 以上；小桥涵引道的路肩高程宜高出桥涵前壅水水位（不计浪高）0.5m 以上；压力式或半压力式涵洞的路肩高程宜高出涵前壅水水位 1.0m 以上。

3.5.3　桥头锥体及引道应符合下列规定：

1　桥头锥体及桥台台后 5~10m 长度内的引道，可用砂性土等材料填筑。在非严寒地区，当无透水性土时，可就地取土经处理后填筑。

2　锥坡与桥台两侧正交线的坡度，当有铺砌时，路肩边缘下的第一个 8m 高度内不宜陡于 1:1；在 8~12m 高度内不宜陡于 1:1.25；高于 12m 的路基，其 12m 以下的边坡坡度应由计算确定，但不应陡于 1:1.5，变坡处台前宜设宽 0.5~2.0m 的锥坡平台；不受洪水冲刷的锥坡可采用不陡于 1:1.25 的坡度；经常受水淹没部分的边坡坡度不应陡于 1:2。

3 埋置式桥台和钢筋混凝土灌注桩式或排架桩式桥台，其锥坡坡度不应陡于1:1.5；对不受洪水冲刷的锥坡，加强防护时可采用不陡于1:1.25的坡度。

4 洪水泛滥范围以内的锥坡和引道的边坡坡面，应根据设计流速设置铺砌层。铺砌层的高度应为：特大、大、中桥应高出计算水位0.5m以上；小桥涵应高出设计水位加壅水水位（不计浪高）0.25m以上；当有逆风、冰冻或漂流物等影响时，应适当提高。

3.5.4 桥台侧墙后端和悬臂梁桥的悬臂端深入桥头锥坡顶点以内的长度，均不应小于0.75m（按路基和锥坡沉实后计）。

3.5.5 高速公路、一级公路、二级公路和三级公路的桥头宜设置搭板，搭板设置应符合下列规定：

1 搭板长度不宜小于5m；桥台高度不小于5m时，搭板长度不宜小于8m。
2 搭板宽度宜与桥台侧墙内缘相齐，并用柔性材料隔离，最小宽度不应小于行车道宽度。
3 搭板厚度不宜小于0.25m；长度不小于6m的搭板，其厚度不宜小于0.30m。

3.6 构造要求

3.6.1 桥涵结构应符合下列规定：
1 桥涵结构在制造、运输、安装和使用过程中，应具有规定的强度、刚度、稳定性和耐久性。
2 桥涵结构构造应使其附加应力、局部应力尽量减小。
3 桥涵结构形式和构造应便于制造、施工和养护。
4 桥涵结构物所用材料的品质及其技术性能应符合相关现行标准的规定。

3.6.2 桥涵的上、下部构造应视需要设置变形缝或伸缩缝，并配置适用的伸缩装置。高速公路、一级公路上的多孔梁（板）桥宜分联采用结构连续，也可分联采用桥面连续。

3.6.3 小桥涵可在进、出口和桥涵所在范围内整治和加固河床，必要时应在进、出口处设置减冲、防冲设施。

3.6.4 漫水桥应尽量减小桥面和桥墩的阻水面积，其上部构造与墩台的连接必须可靠，并应采取必要的措施使基础不被冲毁。

3.6.5 桥涵应有必要的通风、排水和防护措施及维修工作空间。

3.6.6 设置护栏的桥梁，桥梁护栏与桥面板应进行可靠连接。根据护栏形式，可采用直接埋入式、地脚螺栓和预埋钢筋的连接方式。

3.6.7 设置栏杆的桥梁，其栏杆的设计，除应满足受力要求外，尚应注意美观，栏杆高度不应小于1.1m。

3.6.8 桥梁支座设计应满足下列要求：
1 桥梁支座可按其跨径、结构形式、反力值、支承处的位移及转角变形值选取不同的支座。桥梁可选用板式橡胶支座或四氟滑板橡胶支座、盆式橡胶支座和球型钢支座。不宜采用带球冠的板式橡胶支座或坡形板式橡胶支座。
2 桥梁纵桥向单个支承点宜设置一排竖向支座；横桥向竖向支座的设置应考虑支座脱空的影响。
3 支座上、下传力面应保持水平。
4 桥梁墩台应预留安装、维护、更换支座的工作空间和操作安全防护设施。

3.6.9 桥面伸缩装置应保证能自由伸缩，并应满足承载和变形要求，使车辆平稳通过。伸缩装置应具有良好的密水性和排水性，并易于检查和养护。

3.7 桥面铺装、防水和排水

3.7.1 桥面铺装应符合下列规定：
1 桥面铺装宜与公路路面相协调。
2 桥面铺装应有完善的桥面防水、排水系统。
3 桥面铺装应与桥梁的上部结构综合考虑、协调设计。
4 高速公路和一级公路上特大桥、大桥的桥面铺装宜采用沥青混凝土桥面铺装。

3.7.2 桥面铺装应设防水层。圬工桥台背面及拱桥拱圈与填料间应设置防水层，并设盲沟排水。

3.7.3 高速公路和一、二级公路上桥梁的沥青混凝土桥面铺装层厚度不宜小于70mm；二级以下公路桥梁的沥青混凝土桥面铺装层厚度不宜小于50mm。沥青混凝土桥面铺装尚应符合现行《公路沥青路面设计规范》（JTG D50）的有关规定。

3.7.4 水泥混凝土桥面铺装面层（不含整平层和垫层）的厚度不宜小于80mm，混凝土强度等级不应低于C40。水泥混凝土桥面铺装层内应配置钢筋网。钢筋直径不应小于8mm，间距不宜大于100mm。水泥混凝土桥面铺装尚应符合现行《公路水泥混凝土路面设计规范》（JTG D40）的有关规定。

3.7.5 正交异性板钢桥面沥青混凝土铺装结构应根据桥梁纵面线形、桥梁结构受力状态、桥面系的实际情况、当地气象与环境条件、铺装材料的性能等综合研究选用。

3.7.6 桥面排水、桥台和支挡构造物的排水应满足现行《公路排水设计规范》（JTG/T D33）的有关规定，并应根据需要设置必要的桥面径流汇集引排系统和设施。

3.8 养护及其他附属设施

3.8.1 桥涵应设置维修养护通道。特大、大桥应根据需要设置必要的检查平台、扶梯、内照明、人口井盖、专用检修车等设施；需借助墩顶作为检修平台时，桥墩应根据需要设置安全设施。

3.8.2 特大桥和大桥应设置永久观测点。特大、大、中桥桥墩台旁必要时可设置水尺或标志。

3.8.3 位于桥面上的拉索、吊杆、拱肋等受力构件应设置必要的防撞保护设施。

3.8.4 桥梁应根据相关规范的规定进行防雷设计，设置避雷设施。

3.8.5 特大、大、中桥可根据需要设置防火、照明和导航设备以及养护工房、库房和守卫房等，必要时可设置紧急电话。

3.8.6 技术复杂的大型桥梁工程可根据需要设置必要的结构监测设施。

3.8.7 桥梁在跨越公路和铁路部分应设置防抛网。

4 作用

4.1 作用分类、代表值和作用组合

4.1.1 公路桥涵设计采用的作用分为永久作用、可变作用、偶然作用和地震作用四类，规定于表4.1.1。

表 4.1.1 作 用 分 类

序 号	分 类	名 称
1	永久作用	结构重力（包括结构附加重力）
2		预加力
3		土的重力
4		土侧压力
5		混凝土收缩、徐变作用
6		水浮力
7		基础变位作用
8	可变作用	汽车荷载
9		汽车冲击力
10		汽车离心力
11		汽车引起的土侧压力
12		汽车制动力
13		人群荷载
14		疲劳荷载
15		风荷载
16		流水压力
17		冰压力
18		波浪力
19		温度（均匀温度和梯度温度）作用
20		支座摩阻力
21	偶然作用	船舶的撞击作用
22		漂流物的撞击作用
23		汽车撞击作用
24	地震作用	地震作用

4.1.2 公路桥涵设计时,对不同的作用应按下列规定采用不同的代表值：

1 永久作用的代表值为其标准值。永久作用标准值可根据统计、计算,并结合工程经验综合分析确定。

2 可变作用的代表值包括标准值、组合值、频遇值和准永久值。组合值、频遇值和准永久值可通过可变作用的标准值分别乘以组合值系数 ψ_c、频遇值系数 ψ_f 和准永久值系数 ψ_q 来确定。

3 偶然作用取其设计值作为代表值,可根据历史记载、现场观测和试验,并结合工程经验综合分析确定,也可根据有关标准的专门规定确定。

4 地震作用的代表值为其标准值。地震作用的标准值应根据现行《公路工程抗震规范》(JTG B02)的规定确定。

4.1.3 作用的设计值应为作用的标准值或组合值乘以相应的作用分项系数。

4.1.4 公路桥涵结构设计应考虑结构上可能同时出现的作用,按承载能力极限状态、正常使用极限状态进行作用组合,均应按下列原则取其最不利组合效应进行设计：

1 只有在结构上可能同时出现的作用,才进行组合。当结构或结构构件需做不同受力方向的验算时,则应以不同方向的最不利的作用组合效应进行计算。

2 当可变作用的出现对结构或结构构件产生有利影响时,该作用不应参与组合。实际不可能同时出现的作用或同时参与组合概率很小的作用,按表4.1.4规定不考虑其参与组合。

表4.1.4 可变作用不同时组合表

作用名称	不与该作用同时参与组合的作用
汽车制动力	流水压力、冰压力、波浪力、支座摩阻力
流水压力	汽车制动力、冰压力、波浪力
波浪力	汽车制动力、流水压力、冰压力
冰压力	汽车制动力、流水压力、波浪力
支座摩阻力	汽车制动力

3 施工阶段的作用组合,应按计算需要及结构所处条件而定,结构上的施工人员和施工机具设备均应作为可变作用加以考虑。组合式桥梁,当把底梁作为施工支撑时,作用组合效应宜分两个阶段计算,底梁受荷为第一个阶段,组合梁受荷为第二个阶段。

4 多个偶然作用不同时参与组合。

5 地震作用不与偶然作用同时参与组合。

4.1.5 公路桥涵结构按承载能力极限状态设计时,对持久设计状况和短暂设计状况应采用作用的基本组合,对偶然设计状况应采用作用的偶然组合,对地震设计状况应采用作用的地震组合,并应符合下列规定：

1 基本组合：永久作用设计值与可变作用设计值相组合。

1）作用基本组合的效应设计值可按下式计算：

$$S_{ud} = \gamma_0 S\left(\sum_{i=1}^{m}\gamma_{G_i}G_{ik},\ \gamma_{L1}\gamma_{Q1}Q_{1k},\ \psi_c\sum_{j=2}^{n}\gamma_{Lj}\gamma_{Q_j}Q_{jk}\right) \quad (4.1.5\text{-}1)$$

或

$$S_{ud} = \gamma_0 S\left(\sum_{i=1}^{m}G_{id},\ Q_{1d},\ \sum_{j=2}^{n}Q_{jd}\right) \quad (4.1.5\text{-}2)$$

式中：S_{ud}——承载能力极限状态下作用基本组合的效应设计值；

$S(\ )$——作用组合的效应函数；

γ_0——结构重要性系数，按表4.1.5-1规定的结构设计安全等级采用，按持久状况和短暂状况承载能力极限状态设计时，公路桥涵结构设计安全等级应不低于表4.1.5-1的规定，对应于设计安全等级一级、二级和三级分别取1.1、1.0和0.9；

γ_{G_i}——第 i 个永久作用的分项系数，应按表4.1.5-2的规定采用；

G_{ik}、G_{id}——第 i 个永久作用的标准值和设计值；

γ_{Q_1}——汽车荷载（含汽车冲击力、离心力）的分项系数。采用车道荷载计算时取 $\gamma_{Q_1}=1.4$，采用车辆荷载计算时，其分项系数取 $\gamma_{Q_1}=1.8$。当某个可变作用在组合中其效应值超过汽车荷载效应时，则该作用取代汽车荷载，其分项系数取 $\gamma_{Q_1}=1.4$；对专为承受某作用而设置的结构或装置，设计时该作用的分项系数取 $\gamma_{Q_1}=1.4$；计算人行道板和人行道栏杆的局部荷载，其分项系数也取 $\gamma_{Q_1}=1.4$；

Q_{1k}、Q_{1d}——汽车荷载（含汽车冲击力、离心力）的标准值和设计值；

γ_{Q_j}——在作用组合中除汽车荷载（含汽车冲击力、离心力）、风荷载外的其他第 j 个可变作用的分项系数，取 $\gamma_{Q_j}=1.4$，但风荷载的分项系数取 $\gamma_{Q_j}=1.1$；

Q_{jk}、Q_{jd}——在作用组合中除汽车荷载（含汽车冲击力、离心力）外的其他第 j 个可变作用的标准值和设计值；

ψ_c——在作用组合中除汽车荷载（含汽车冲击力、离心力）外的其他可变作用的组合值系数，取 $\psi_c=0.75$；

$\psi_c Q_{jk}$——在作用组合中除汽车荷载（含汽车冲击力、离心力）外的第 j 个可变作用的组合值；

γ_{Lj}——第 j 个可变作用的结构设计使用年限荷载调整系数。公路桥涵结构的设计使用年限按现行《公路工程技术标准》（JTG B01）取值时，可变作用的设计使用年限荷载调整系数取 $\gamma_{Lj}=1.0$；否则，γ_{Lj} 取值应按专题研究确定。

2）当作用与作用效应可按线性关系考虑时，作用基本组合的效应设计值 S_{ud} 可通过作用效应代数相加计算。

3）设计弯桥时，当离心力与制动力同时参与组合时，制动力标准值或设计值按70%取用。

2 偶然组合：永久作用标准值与可变作用某种代表值、一种偶然作用设计值相组

表4.1.5-1 公路桥涵结构设计安全等级

设计安全等级	破坏后果	适用对象
一级	很严重	（1）各等级公路上的特大桥、大桥、中桥； （2）高速公路、一级公路、二级公路、国防公路及城市附近交通繁忙公路上的小桥
二级	严重	（1）三、四级公路上的小桥； （2）高速公路、一级公路、二级公路、国防公路及城市附近交通繁忙公路上的涵洞
三级	不严重	三、四级公路上的涵洞

注：本表所列特大、大、中桥等系按本规范表1.0.5中的单孔跨径确定，对多跨不等跨桥梁，以其中最大跨径为准。

表4.1.5-2 永久作用的分项系数

序号	作用类别		永久作用分项系数	
			对结构的承载能力不利时	对结构的承载能力有利时
1	混凝土和圬工结构重力（包括结构附加重力）		1.2	1.0
	钢结构重力（包括结构附加重力）		1.1或1.2	
2	预加力		1.2	1.0
3	土的重力		1.2	1.0
4	混凝土的收缩及徐变作用		1.0	1.0
5	土侧压力		1.4	1.0
6	水的浮力		1.0	1.0
7	基础变位作用	混凝土和圬工结构	0.5	0.5
		钢结构	1.0	1.0

注：本表序号1中，当钢桥采用钢桥面板时，永久作用分项系数取1.1；当采用混凝土桥面板时，取1.2。

合；与偶然作用同时出现的可变作用，可根据观测资料和工程经验取用频遇值或准永久值。

1）作用偶然组合的效应设计值可按下式计算：

$$S_{ad} = S\left(\sum_{i=1}^{m} G_{ik}, A_d, (\psi_{f1} \text{或} \psi_{q1})Q_{1k}, \sum_{j=2}^{n} \psi_{qj}Q_{jk}\right) \quad (4.1.5-3)$$

式中：S_{ad}——承载能力极限状态下作用偶然组合的效应设计值；

A_d——偶然作用的设计值；

ψ_{f1}——汽车荷载（含汽车冲击力、离心力）的频遇值系数，取$\psi_{f1}=0.7$；当某个可变作用在组合中其效应值超过汽车荷载效应时，则该作用取代汽车荷载，人群荷载$\psi_f=1.0$，风荷载$\psi_f=0.75$，温度梯度作用$\psi_f=0.8$，其他作用$\psi_f=1.0$；

$\psi_{f1}Q_{1k}$——汽车荷载的频遇值；

ψ_{q1}、ψ_{qj}——第1个和第j个可变作用的准永久值系数，汽车荷载（含汽车冲击力、离心力）$\psi_q=0.4$，人群荷载$\psi_q=0.4$，风荷载$\psi_q=0.75$，温度

梯度作用 $\psi_q = 0.8$，其他作用 $\psi_q = 1.0$；

$\psi_{q1}Q_{1k}$、$\psi_{qj}Q_{jk}$——第 1 个和第 j 个可变作用的准永久值。

2）当作用与作用效应可按线性关系考虑时，作用偶然组合的效应设计值 S_{ad} 可通过作用效应代数相加计算。

3 作用地震组合的效应设计值应按现行《公路工程抗震规范》（JTG B02）的有关规定计算。

4.1.6 公路桥涵结构按正常使用极限状态设计时，应根据不同的设计要求，采用作用的频遇组合或准永久组合，并应符合下列规定：

1 频遇组合：永久作用标准值与汽车荷载频遇值、其他可变作用准永久值相组合。

1）作用频遇组合的效应设计值可按下式计算：

$$S_{fd} = S\left(\sum_{i=1}^{m} G_{ik}, \psi_{f1}Q_{1k}, \sum_{j=2}^{n} \psi_{qj}Q_{jk}\right) \quad (4.1.6-1)$$

式中：S_{fd}——作用频遇组合的效应设计值；

ψ_{f1}——汽车荷载（不计汽车冲击力）频遇值系数，取 $\psi_{f1} = 0.7$；当某个可变作用在组合中其效应值超过汽车荷载效应时，则该作用取代汽车荷载，人群荷载 $\psi_f = 1.0$，风荷载 $\psi_f = 0.75$，温度梯度作用 $\psi_f = 0.8$，其他作用 $\psi_f = 1.0$。

2）当作用与作用效应可按线性关系考虑时，作用频遇组合的效应设计值 S_{fd} 可通过作用效应代数相加计算。

2 准永久组合：永久作用标准值与可变作用准永久值相组合。

1）作用准永久组合的效应设计值可按下式计算：

$$S_{qd} = S\left(\sum_{i=1}^{m} G_{ik}, \sum_{j=1}^{n} \psi_{qj}Q_{jk}\right) \quad (4.1.6-2)$$

式中：S_{qd}——作用准永久组合的效应设计值；

ψ_{qj}——第 j 个可变作用的准永久值系数，汽车荷载（不计汽车冲击力）$\psi_q = 0.4$，人群荷载 $\psi_q = 0.4$，风荷载 $\psi_q = 0.75$，温度梯度作用 $\psi_q = 0.8$，其他作用 $\psi_q = 1.0$。

2）当作用与作用效应可按线性关系考虑时，作用准永久组合的效应设计值 S_{qd} 可通过作用效应代数相加计算。

4.1.7 钢结构构件抗疲劳设计时，除特别指明外，各作用应采用标准值，作用分项系数应取为 1.0。

4.1.8 结构构件当需进行弹性阶段截面应力计算时，除特别指明外，各作用应采用标准值，作用分项系数应取为 1.0，各项应力限值应按各设计规范规定采用。

4.1.9 验算结构的抗倾覆、滑动稳定时，稳定系数、各作用的分项系数及摩擦系数，应根据不同结构按各有关桥涵设计规范的规定确定。支座的摩擦系数可按表 4.3.13 规定采用。

4.1.10 构件在吊装、运输时，构件重力应乘以动力系数1.2（对结构不利时）或0.85（对结构有利时），并可视构件具体情况作适当增减。

4.2 永久作用

4.2.1 结构重力包括结构自重及桥面铺装、附属设备等附加重力。结构重力标准值可按表4.2.1所列常用材料的重度根据式（4.2.1）计算。

$$G_k = \gamma V \tag{4.2.1}$$

式中：G_k——结构重力标准值（kN）；
γ——材料的重度（kN/m³）；
V——体积（m³）。

表4.2.1 常用材料的重度

材料种类	重度（kN/m³）	材料种类	重度（kN/m³）
钢、铸钢	78.5	浆砌片石	23.0
铸铁	72.5	干砌块石或片石	21.0
锌	70.5	沥青混凝土	23.0~24.0
铅	114.0	沥青碎石	22.0
黄铜	81.1	碎（砾）石	21.0
青铜	87.4	填土	17.0~18.0
钢筋混凝土或预应力混凝土	25.0~26.0	填石	19.0~20.0
混凝土或片石混凝土	24.0	石灰三合土、石灰土	17.5
浆砌块石或料石	24.0~25.0	—	—

4.2.2 预加力计算应满足下列要求：

1 在结构进行正常使用极限状态设计和使用阶段构件应力计算时，预加力应作为永久作用计算其主效应和次效应，并计入相应阶段的预应力损失，但不计由于预加力偏心距增大引起的附加效应。

2 在结构进行承载能力极限状态设计时，预加力不应作为作用，应将预应力钢筋作为结构抗力的一部分。但在连续梁等超静定结构中，应考虑预加力引起的次效应。

3 预加力标准值可采用下式进行计算：

$$F_{pe} = \sigma_{pe} A_p \tag{4.2.2-1}$$

$$\sigma_{pe} = \sigma_{con} - \sigma_l \tag{4.2.2-2}$$

式中：F_{pe}——预加力标准值（kN）；
A_p——预应力钢筋的截面面积（m²）；
σ_{pe}——预应力钢筋的有效预应力（kPa）；

σ_{con}——预应力钢筋张拉控制应力（kPa）；

σ_l——预应力钢筋相应阶段的预应力损失（kPa）。

4.2.3 土的重力及土侧压力可按下列规定计算：

1 静土压力的标准值可按下列公式计算：

$$e_j = \xi \gamma h \qquad (4.2.3\text{-}1)$$

$$\xi = 1 - \sin\varphi \qquad (4.2.3\text{-}2)$$

$$E_j = \frac{1}{2}\xi\gamma H^2 \qquad (4.2.3\text{-}3)$$

式中：e_j——任一高度 h 处的静土压力（kPa）；

ξ——压实土的静土压力系数；

γ——土的重度（kN/m³）；

φ——土的内摩擦角（°）；

h——填土顶面至任一点的高度（m）；

H——填土高度（m）；

E_j——高度 H 范围内单位宽度的静土压力标准值（kN/m）。

在计算抗倾覆和滑动稳定时，墩、台、挡土墙前侧地面以下不受冲刷部分土的侧压力可按静土压力计算。

2 主动土压力的标准值可按下列公式计算（图4.2.3-1）：

1）当土层特性无变化且无汽车荷载时，作用在桥台、挡土墙前后的主动土压力标准值可按下式计算：

$$E = \frac{1}{2}B\mu\gamma H^2 \qquad (4.2.3\text{-}4)$$

$$\mu = \frac{\cos^2(\varphi - \alpha)}{\cos^2\alpha \cdot \cos(\alpha + \delta)\left[1 + \sqrt{\frac{\sin(\varphi + \delta)\sin(\varphi - \beta)}{\cos(\alpha + \delta)\cos(\alpha - \beta)}}\right]^2} \qquad (4.2.3\text{-}5)$$

式中：E——主动土压力标准值（kN）；

γ——土的重度（kN/m³）；

B——桥台的计算宽度或挡土墙的计算长度（m）；

H——计算土层高度（m）；

β——填土表面与水平面的夹角，当计算台后或墙后的主动土压力时，β 按图4.2.3-1a）取正值；当计算台前或墙前主动土压力时，β 按图4.2.3-1b）取负值；

α——桥台或挡土墙背与竖直面的夹角，俯墙背（图4.2.3-1）时为正值，反之为负值；

δ——台背或墙背与填土间的摩擦角，可取 $\delta = \varphi/2$。

主动土压力的着力点自计算土层底面算起，$C = H/3$。

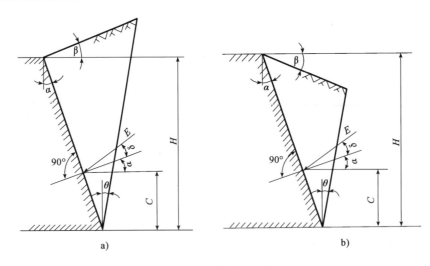

图 4.2.3-1 主动土压力图

2）当土层特性无变化但有汽车荷载作用时，作用在桥台、挡土墙后的主动土压力标准值在 $\beta = 0°$ 时可按下式计算：

$$E = \frac{1}{2} B\mu\gamma H (H + 2h) \quad (4.2.3\text{-}6)$$

式中：h——汽车荷载的等代均布土层厚度（m）。

主动土压力的着力点自计算土层底面算起，$C = \frac{H}{3} \times \frac{H + 3h}{H + 2h}$。

3）当 $\beta = 0°$ 时，破坏棱体破裂面与竖直线间夹角 θ 的正切值可按下式计算：

$$\tan\theta = -\tan\omega + \sqrt{(\cot\varphi + \tan\omega)(\tan\omega - \tan\alpha)} \quad (4.2.3\text{-}7)$$

$$\omega = \alpha + \delta + \varphi$$

3 当土层特性有变化或受水位影响时，宜分层计算土的侧压力。

4 土的重度和内摩擦角应根据调查或试验确定；当无实际资料时，可按表 4.2.1 和现行《公路桥涵地基与基础设计规范》（JTG D63）采用。

5 承受土侧压力的柱式墩台，作用在柱上的土压力计算宽度，可按下列规定采用（图 4.2.3-2）：

1）当 $l_i \leq D$ 时，作用在每根柱上的土压力计算宽度可按下式计算：

$$b = \frac{nD + \sum_{i=1}^{n-1} l_i}{n} \quad (4.2.3\text{-}8)$$

式中：b——土压力计算宽度（m）；
D——柱的直径或宽度（m）；
l_i——柱间净距（m）；
n——柱数。

2）当 $l_i > D$ 时，应根据柱的直径或宽度来考虑柱间空隙的折减。

当 $D \leq 1.0\text{m}$ 时，作用在每一柱上的土压力计算宽度可按下式计算：

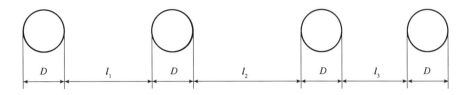

图 4.2.3-2 柱的土侧压力计算宽度

$$b = \frac{D(2n-1)}{n} \quad (4.2.3\text{-}9)$$

当 $D > 1.0\text{m}$ 时，作用在每一柱上的土压力计算宽度可按下式计算：

$$b = \frac{n(D+1)-1}{n} \quad (4.2.3\text{-}10)$$

6 压实填土重力的竖向和水平压力强度标准值可按下式计算：

竖向压力强度 $\qquad q_V = \gamma h \qquad (4.2.3\text{-}11)$

水平压力强度 $\qquad q_H = \lambda \gamma h \qquad (4.2.3\text{-}12)$

$$\lambda = \tan^2\left(45° - \frac{\varphi}{2}\right) \quad (4.2.3\text{-}13)$$

式中：γ——土的重度（kN/m^3）；

　　　h——计算截面至路面顶的高度（m）；

　　　λ——侧压系数。

4.2.4 混凝土收缩及徐变作用可按下述规定取用：

1 外部超静定的混凝土结构、钢和混凝土的组合结构等应考虑混凝土收缩及徐变的作用。

2 混凝土的收缩应变终极值可按现行《公路钢筋混凝土及预应力混凝土桥涵设计规范》（JTG D62）的规定计算。

3 混凝土徐变的计算，可假定徐变与混凝土应力呈线性关系。

4 计算混凝土圬工拱圈的收缩作用效应时，如考虑徐变影响，作用效应可乘以折减系数 0.45。

4.2.5 水的浮力可按下列规定采用：

1 基础底面位于透水性地基上的桥梁墩台，当验算稳定性时，应考虑设计水位的浮力；当验算地基承载力时，可仅考虑低水位的浮力，或不考虑水的浮力。

2 基础嵌入不透水性地基的桥梁墩台可不考虑水的浮力。

3 作用在桩基承台底面的浮力，应考虑全部底面积。对桩嵌入不透水地基并灌注混凝土封闭者，不应考虑桩的浮力，在计算承台底面浮力时应扣除桩的截面面积。

4 当不能确定地基是否透水时，应以透水或不透水两种情况与其他作用组合，取其最不利者。

5 水的浮力标准值可按下式计算：

$$F = \gamma V_w \tag{4.2.5}$$

式中：F——水的浮力标准值（kN）；
  γ——水的重度（kN/m³）；
  V_w——结构排开水的体积（m³）。

4.2.6 超静定结构当考虑由于地基压密等引起的长期变形影响时，应根据最终位移量计算构件的效应。

4.3 可变作用

4.3.1 公路桥涵设计时，汽车荷载的计算图式、荷载等级及其标准值、加载方法和纵横向折减等应符合下列规定：

1 汽车荷载分为公路—Ⅰ级和公路—Ⅱ级两个等级。

2 汽车荷载由车道荷载和车辆荷载组成。桥梁结构的整体计算采用车道荷载；桥梁结构的局部加载、涵洞、桥台和挡土墙土压力等的计算采用车辆荷载。车道荷载与车辆荷载的作用不得叠加。

3 各级公路桥涵设计的汽车荷载等级应符合表4.3.1-1的规定。

表 4.3.1-1 各级公路桥涵的汽车荷载等级

公路等级	高速公路	一级公路	二级公路	三级公路	四级公路
汽车荷载等级	公路—Ⅰ级	公路—Ⅰ级	公路—Ⅰ级	公路—Ⅱ级	公路—Ⅱ级

1）二级公路作为集散公路且交通量小、重型车辆少时，其桥涵的设计可采用公路—Ⅱ级汽车荷载。

2）对交通组成中重载交通比重较大的公路桥涵，宜采用与该公路交通组成相适应的汽车荷载模式进行结构整体和局部验算。

4 车道荷载的计算图示如图4.3.1-1所示。

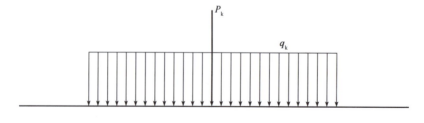

图 4.3.1-1 车道荷载

1）公路—Ⅰ级车道荷载均布荷载标准值为 $q_k = 10.5 \text{kN/m}$；集中荷载标准值 P_k 取值见表4.3.1-2。计算剪力效应时，上述集中荷载标准值应乘以系数1.2。

表 4.3.1-2　集中载 P_k 取值

计算跨径 L_0（m）	$L_0 \leq 5$	$5 < L_0 < 50$	$L_0 \geq 50$
P_k（kN）	270	$2(L_0+130)$	360

注：计算跨径 L_0，设支座的为相邻两支座中心间的水平距离；不设支座的为上、下部结构相交面中心间的水平距离。

2）公路—Ⅱ级车道荷载的均布荷载标准值 q_k 和集中荷载标准值 P_k 按公路—Ⅰ级车道荷载的 0.75 倍采用。

3）车道荷载的均布荷载标准值应满布于使结构产生最不利效应的同号影响线上；集中荷载标准值只作用于相应影响线中一个影响线峰值处。

5　车辆荷载的立面、平面尺寸如图 4.3.1-2 所示，主要技术指标规定见表 4.3.1-3。公路—Ⅰ级和公路—Ⅱ级汽车荷载采用相同的车辆荷载标准值。

表 4.3.1-3　车辆荷载的主要技术指标

项目	单位	技术指标	项目	单位	技术指标
车辆重力标准值	kN	550	轮距	m	1.8
前轴重力标准值	kN	30	前轮着地宽度及长度	m	0.3×0.2
中轴重力标准值	kN	2×120	中、后轮着地宽度及长度	m	0.6×0.2
后轴重力标准值	kN	2×140	车辆外形尺寸（长×宽）	m	15×2.5
轴距	m	3+1.4+7+1.4	—	—	—

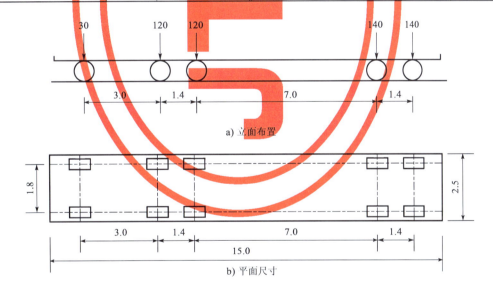

图 4.3.1-2　车辆荷载的立面、平面尺寸（尺寸单位：m；荷载单位：kN）

6　车道荷载横向分布系数应按图 4.3.1-3 所示布置车道荷载进行计算。

7　桥涵设计车道数应符合表 4.3.1-4 的规定。横桥向布置多车道汽车荷载时，应考虑汽车荷载的折减；布置一条车道汽车荷载时，应考虑汽车荷载的提高。横向车道布载系数应符合表 4.3.1-5 的规定。多车道布载的荷载效应不得小于两条车道布载的荷载效应。

8　大跨径桥梁上的汽车荷载应考虑纵向折减。当桥梁计算跨径大于 150m 时，应按表 4.3.1-6 规定的纵向折减系数进行折减。当为多跨连续结构时，整个结构应按最大的计算跨径考虑汽车荷载效应的纵向折减。

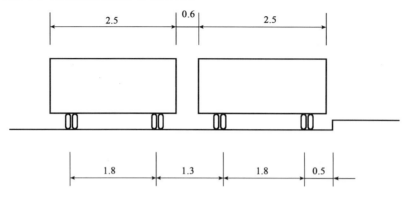

图 4.3.1-3　车辆荷载横向布置（尺寸单位：m）

表 4.3.1-4　桥涵设计车道数

桥面宽度 W（m）		桥涵设计车道数
车辆单向行驶时	车辆双向行驶时	
$W < 7.0$		1
$7.0 \leq W < 10.5$	$6.0 \leq W < 14.0$	2
$10.5 \leq W < 14.0$		3
$14.0 \leq W < 17.5$	$14.0 \leq W < 21.0$	4
$17.5 \leq W < 21.0$		5
$21.0 \leq W < 24.5$	$21.0 \leq W < 28.0$	6
$24.5 \leq W < 28.0$		7
$28.0 \leq W < 31.5$	$28.0 \leq W < 35.0$	8

表 4.3.1-5　横向车道布载系数

横向布载车道数（条）	1	2	3	4	5	6	7	8
横向车道布载系数	1.20	1.00	0.78	0.67	0.60	0.55	0.52	0.50

表 4.3.1-6　纵向折减系数

计算跨径 L_0（m）	纵向折减系数	计算跨径 L_0（m）	纵向折减系数
$150 < L_0 < 400$	0.97	$800 \leq L_0 < 1\,000$	0.94
$400 \leq L_0 < 600$	0.96	$L_0 \geq 1\,000$	0.93
$600 \leq L_0 < 800$	0.95	—	—

4.3.2　汽车荷载冲击力应按下列规定计算：

1　钢桥、钢筋混凝土及预应力混凝土桥、圬工拱桥等上部构造和钢支座、板式橡胶支座、盆式橡胶支座及钢筋混凝土柱式墩台，应计算汽车的冲击作用。

2　填料厚度（包括路面厚度）大于或等于0.5m的拱桥、涵洞以及重力式墩台不计冲击力。

3 支座的冲击力，按相应的桥梁取用。
4 汽车荷载的冲击力标准值为汽车荷载标准值乘以冲击系数 μ。
5 冲击系数 μ 可按下式计算：

$$\begin{aligned}&\text{当}\,f<1.5\text{Hz 时,} &\mu=0.05\\&\text{当}\,1.5\text{Hz}\leqslant f\leqslant 14\text{Hz 时,} &\mu=0.1767\ln f-0.0157\\&\text{当}\,f>14\text{Hz 时,} &\mu=0.45\end{aligned} \quad (4.3.2)$$

式中：f——结构基频（Hz）。

6 汽车荷载的局部加载及在 T 梁、箱梁悬臂板上的冲击系数采用 0.3。

4.3.3 汽车荷载离心力可按下列规定计算：

1 曲线桥应计算汽车荷载引起的离心力。汽车荷载离心力标准值为按本规范第 4.3.1 条规定的车辆荷载（不计冲击力）标准值乘以离心力系数 C 计算。离心力系数按下式计算：

$$C=\frac{v^2}{127R} \quad (4.3.3)$$

式中：v——设计速度（km/h），应按桥梁所在路线设计速度采用；
　　　R——曲线半径（m）。

2 计算多车道桥梁的汽车荷载离心力时，车辆荷载标准值应乘以表 4.3.1-5 规定的横向车道布载系数。

3 离心力着力点在桥面以上 1.2m 处；为计算简便也可移至桥面上，不计由此引起的作用效应。

4.3.4 汽车荷载引起的土压力采用车辆荷载加载，并可按下列规定计算：

1 汽车荷载在桥台或挡土墙后填土的破坏棱体上引起的土侧压力，可按下式换算成等代均布土层厚度 h（m）计算：

$$h=\frac{\sum G}{Bl_0\gamma} \quad (4.3.4\text{-}1)$$

式中：γ——土的重度（kN/m³）；
　　　$\sum G$——布置在 $B\times l_0$ 面积内的车轮的总重力（kN）；
　　　l_0——桥台或挡土墙后填土的破坏棱体长度（m）；
　　　B——桥台横向全宽或挡土墙的计算长度（m）。

挡土墙的计算长度 B（m）可按下列公式计算，但不应超过挡土墙分段长度：

$$B=13+H\tan 30° \quad (4.3.4\text{-}2)$$

式中：H——挡土墙高度（m），对墙顶以上有填土的挡土墙，为 2 倍墙顶填土厚度加墙高。

当挡土墙分段长度小于 13m 时，B 取分段长度，并应在该长度内按不利情况布置轮重。

2 计算涵洞顶上汽车荷载引起的竖向土压力时，车轮按其着地面积的边缘向下作30°角分布。当几个车轮的压力扩散线相重叠时，扩散面积以最外边的扩散线为准。

4.3.5 汽车荷载制动力应按下列规定计算和分配：

1 汽车荷载制动力按同向行驶的汽车荷载（不计冲击力）计算，并应按表4.3.1-6的规定，以使桥梁墩台产生最不利纵向力的加载长度进行纵向折减。

1）一个设计车道上由汽车荷载产生的制动力标准值按本规范第4.3.1条规定的车道荷载标准值在加载长度上计算的总重力的10%计算，但公路—Ⅰ级汽车荷载的制动力标准值不得小于165kN，公路—Ⅱ级汽车荷载的制动力标准值不得小于90kN；

2）同向行驶双车道的汽车荷载制动力标准值应为一个设计车道制动力标准值的2倍，同向行驶三车道应为一个设计车道的2.34倍，同向行驶四车道应为一个设计车道的2.68倍。

2 制动力的着力点在桥面以上1.2m处，计算墩台时，可移至支座铰中心或支座底座面上。计算刚构桥、拱桥时，制动力的着力点可移至桥面上，但不应计因此而产生的竖向力和力矩。

3 设有板式橡胶支座的简支梁、连续桥面简支梁或连续梁排架式柔性墩台，应根据支座与墩台的抗推刚度的刚度集成情况分配和传递制动力。设有板式橡胶支座的简支梁刚性墩台，应按单跨两端的板式橡胶支座的抗推刚度分配制动力。

4 设有固定支座、活动支座（滚动或摆动支座、聚四氟乙烯板支座）的刚性墩台传递的制动力，按表4.3.5的规定采用。每个活动支座传递的制动力，其值不应大于其摩阻力；当大于摩阻力时，按摩阻力计算。

表4.3.5 刚性墩台各种支座传递的制动力

桥梁墩台及支座类型		应计的制动力	符号说明
简支梁桥台	固定支座	T_1	
	聚四氟乙烯板支座	$0.30T_1$	
	滚动（或摆动）支座	$0.25T_1$	T_1——加载长度为计算跨径时的制动力；
简支梁桥墩	两个固定支座	T_2	T_2——加载长度为相邻两跨计算跨径之和时的制动力；
	一个固定支座，一个活动支座	注	T_3——加载长度为一联长度的制动力
	两个四氟乙烯板支座	$0.30T_2$	
	两个滚动（或摆动）支座	$0.25T_2$	
连续梁桥墩	固定支座	T_3	
	聚四氟乙烯板支座	$0.30T_3$	
	滚动（或摆动）支座	$0.25T_3$	

注：固定支座按T_4计算，活动支座按$0.30T_5$（聚四氟乙烯板支座）或$0.25T_5$（滚动或摆动支座）计算，T_4和T_5分别为与固定支座或活动支座相应的单跨跨径的制动力，桥墩承受的制动力为上述固定支座与活动支座传递的制动力之和。

4.3.6 人群荷载标准值应按下列规定采用：

1 人群荷载标准值应根据表4.3.6采用，对跨径不等的连续结构，以最大计算跨径为准。

表4.3.6 人群荷载标准值

计算跨径 L_0（m）	$L_0 \leqslant 50$	$50 < L_0 < 150$	$L_0 \geqslant 150$
人群荷载（kN/m²）	3.0	$3.25 - 0.005L_0$	2.5

1）非机动车、行人密集的公路桥梁，人群荷载标准值取上述标准值的1.15倍。

2）专用人行桥梁，人群荷载标准值为3.5kN/m²。

2 人群荷载在横向应布置在人行道的净宽度内，在纵向施加于使结构产生最不利荷载效应的区段内。

3 人行道板（局部构件）可以一块板为单元，按标准值4.0kN/m²的均布荷载计算。

4 计算人行道栏杆时，作用在栏杆立柱顶上的水平推力标准值取0.75kN/m，作用在栏杆扶手上的竖向力标准值取1.0kN/m。

4.3.7 疲劳荷载的计算模型应符合下列规定：

1 疲劳荷载计算模型Ⅰ采用等效的车道荷载，集中荷载为$0.7P_k$，均布荷载为$0.3q_k$。P_k和q_k按本规范第4.3.1条的相关规定取值；应考虑多车道的影响，横向车道布载系数应按本规范第4.3.1条的相关规定计算。

2 疲劳荷载计算模型Ⅱ采用双车模型，两辆模型车轴距与轴重相同，其单车的轴重与轴距布置如图4.3.7-1所示。计算加载时，两模型车的中心距不得小于40m。

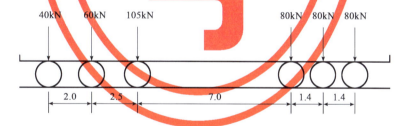

图4.3.7-1 疲劳荷载计算模型Ⅱ（尺寸单位：m）

3 疲劳荷载计算模型Ⅲ采用单车模型，模型车轴载及分布规定如图4.3.7-2所示。

4 当构件和连接不满足疲劳荷载计算模型Ⅰ验算要求时，应按模型Ⅱ验算。

5 桥面系构件的疲劳验算应采用疲劳荷载计算模型Ⅲ。

4.3.8 风荷载标准值应按现行《公路桥梁抗风设计规范》（JTG/T D60-01）的规定计算。

4.3.9 作用在桥墩上的流水压力标准值可按下式计算：

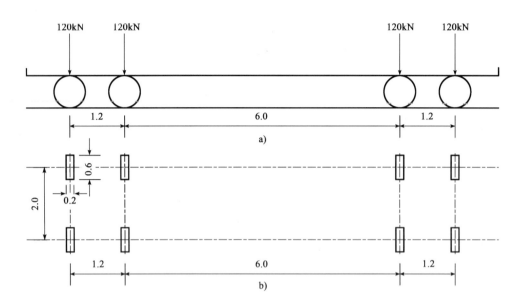

图 4.3.7-2 疲劳荷载计算模型Ⅲ（尺寸单位：m）

$$F_w = KA \frac{\gamma v^2}{2g} \quad (4.3.9)$$

式中：F_w——流水压力标准值（kN）；
γ——水的重度（kN/m³）；
v——设计流速（m/s）；
A——桥墩阻水面积（m²），计算至一般冲刷线处；
g——重力加速度，$g = 9.81$ m/s²；
K——桥墩形状系数，见表4.3.9。

流水压力合力的着力点，假定在设计水位线以下0.3倍水深处。

表 4.3.9 桥墩形状系数 K

桥墩形状	K	桥墩形状	K
方形桥墩	1.5	尖端形桥墩	0.7
矩形桥墩（长边与水流平行）	1.3	圆端形桥墩	0.6
圆形桥墩	0.8	—	—

4.3.10 位于外海、海湾、海峡的桥梁结构，下部结构设计必要时应考虑波浪力的作用影响。宜开展专题研究确定波浪力的大小。

4.3.11 对具有竖向前棱的桥墩，冰压力可按下列规定取用：
1 冰对桩或墩产生的冰压力标准值可按下式计算：

$$F_i = mC_t bt R_{ik} \quad (4.3.11\text{-}1)$$

式中：F_i——冰压力标准值（kN）；
m——桩或墩迎冰面形状系数，可按表4.3.11-1取用；

C_t——冰温系数，可按表4.3.11-2取用；

b——桩或墩迎冰面投影宽度（m）；

t——计算冰厚（m），可取实际调查的最大冰厚或开河期堆积冰厚；

R_{ik}——冰的抗压强度标准值（kN/m²），可取当地冰温0℃时的冰抗压强度；当缺乏实测资料时，对海冰可取 $R_{ik}=750\text{kN/m}^2$；对河冰，流冰开始时 $R_{ik}=750\text{kN/m}^2$，最高流冰水位时可取 $R_{ik}=450\text{kN/m}^2$。

表4.3.11-1 桩或墩迎冰面形状系数 m

迎冰面形状	平面	圆弧形	尖角形的迎冰面角度				
			45°	60°	75°	90°	120°
m	1.00	0.90	0.54	0.59	0.64	0.69	0.77

表4.3.11-2 冰温系数 C_t

冰温（℃）	0	-10 及以下
C_t	1.0	2.0

注：1. 表列冰温系数可直线内插。

2. 对海冰，冰温取结冰期最低冰温；对河冰，取解冻期最低冰温。

　1）当冰块流向桥轴线的角度 $\varphi\leq 80°$ 时，桥墩竖向边缘的冰荷载应乘以 $\sin\varphi$ 予以折减。

　2）冰压力合力应作用在计算结冰水位以下0.3倍冰厚处。

2 当流冰范围内桥墩有倾斜表面时，冰压力应分解为水平分力和竖向分力。

$$\text{水平分力} \quad F_{xi}=m_0C_tR_{bk}t^2 \quad (4.3.11\text{-}2)$$

$$\text{竖向分力} \quad F_{zi}=F_{xi}/\tan\beta \quad (4.3.11\text{-}3)$$

式中：F_{xi}——冰压力的水平分力（kN）；

F_{zi}——冰压力的垂直分力（kN）；

β——桥墩倾斜的棱边与水平线的夹角（°）；

R_{bk}——冰的抗弯强度标准值（kN/m²），取 $R_{bk}=0.7R_{ik}$；

m_0——系数，$m_0=0.2b/t$，但不小于1.0。

3 建筑物受冰作用的部位宜采用实体结构。对于具有强烈流冰的河流中的桥墩、柱，其迎冰面宜做成圆弧形、多边形或尖角，并做成3:1~10:1（竖:横）的斜度，在受冰作用的部位宜缩小其迎冰面投影宽度。

4 对流冰期的设计高水位以上0.5m到设计低水位以下1.0m的部位宜采取抗冻性混凝土或花岗岩镶面或包钢板等防护措施。同时，对建筑物附近的冰体采取适宜的使冰体减小对结构物作用力的措施。

4.3.12 计算温度作用时的材料线膨胀系数及作用标准值可按下列规定取用：

1 桥梁结构当要考虑温度作用时，应根据当地具体情况、结构物使用的材料和施工条件等因素计算由温度作用引起的结构效应。各种结构的线膨胀系数规定见表

4.3.12-1。

表 4.3.12-1 线膨胀系数

结构种类	线膨胀系数（1/℃）
钢结构	0.000 012
混凝土和钢筋混凝土及预应力混凝土结构	0.000 010
混凝土预制块砌体	0.000 009
石砌体	0.000 008

2 计算桥梁结构因均匀温度作用引起的外加变形或约束变形时，应从受到约束时的结构温度开始，考虑最高和最低有效温度的作用效应。当缺乏实际调查资料时，公路混凝土结构和钢结构的最高和最低有效温度标准值可按表 4.3.12-2 取用。

表 4.3.12-2 公路桥梁结构的有效温度标准值（℃）

气候分区	钢桥面板钢桥		混凝土桥面板钢桥		混凝土、石桥	
	最高	最低	最高	最低	最高	最低
严寒地区	46	-43	39	-32	34	-23
寒冷地区	46	-21	39	-15	34	-10
温热地区	46	-9（-3）	39	-6（-1）	34	-3（0）

注：1. 全国气候分区见附录A。
　　2. 表中括弧内数值适用于昆明、南宁、广州、福州地区。

3 计算桥梁结构由于竖向温度梯度引起的效应时，可采用图 4.3.12 所示的竖向温度梯度曲线，其桥面板表面的最高温度 T_1 规定见表 4.3.12-3。

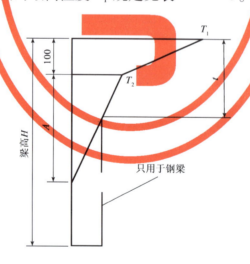

图 4.3.12 竖向梯度温度（尺寸单位：mm）

A-混凝土结构当梁高 H 小于 400mm 时，$A = H - 100$（mm）；梁高 H 大于或等于 400mm 时，$A = 300$mm；带混凝土桥面板的钢结构 $A = 300$mm；t-混凝土桥面板的厚度（mm）

混凝土上部结构和带混凝土桥面板的钢结构的竖向日照反温差为正温差乘以 -0.5。

4 对无悬臂的宽幅箱梁，宜考虑横向温度梯度引起的效应。

5 计算圬工拱桥考虑徐变影响引起的温差作用效应时，计算的温差效应应乘以折减系数 0.7。

6 采用沥青混凝土铺装的混凝土桥面板桥梁必要时应考虑施工阶段沥青摊铺引起的温度影响。

表 4.3.12-3 竖向日照正温差计算的温度基数

结 构 类 型	T_1（℃）	T_2（℃）
水泥混凝土铺装	25	6.7
50mm 沥青混凝土铺装层	20	6.7
100mm 沥青混凝土铺装层	14	5.5

4.3.13 支座摩阻力标准值可按下式计算：

$$F = \mu W \qquad (4.3.13)$$

式中：W——作用于活动支座上由上部结构重力产生的效应；

μ——支座的摩擦系数，宜采用实测数据，无实测数据时可按表 4.3.13 取用。

表 4.3.13 支座摩擦系数

支座种类		支座摩擦系数 μ
滚动支座或摆动支座		0.05
板式橡胶支座	支座与混凝土面接触	0.30
	支座与钢板接触	0.20
	聚四氟乙烯板与不锈钢板接触	0.06（加 5201 硅脂润滑后；温度低于 -25℃时为 0.078）
		0.12（不加 5201 硅脂润滑时；温度低于 -25℃时为 0.156）
盆式支座		加 5201 硅脂润滑后，常温型活动支座摩擦系数不大于 0.03（支座适用温度为 -25～+60℃）
		加 5201 硅脂润滑后，耐寒型活动支座摩擦系数不大于 0.06（支座适用温度为 -40～+60℃）
球型支座		加 5201 硅脂润滑后，活动支座摩擦系数不大于 0.03（支座适用温度为 -25～+60℃时）
		加 5201 硅脂润滑后，活动支座摩擦系数不大于 0.05（支座适用温度为 -40～+60℃时）

4.4 偶然作用

4.4.1 通航水域中的桥梁墩台，设计时应考虑船舶的撞击作用，其撞击作用设计值可按下列规定采用：

1 船舶的撞击作用设计值宜按专题研究确定。

2 四至七级内河航道当缺乏实际调查资料时，船舶撞击作用的设计值可按表 4.4.1-1 取值，航道内的钢筋混凝土桩墩，顺桥向撞击作用可按表 4.4.1-1 所列数值的 50% 取值。

表 4.4.1-1 内河船舶撞击作用设计值

内河航道等级	船舶吨级 DWT（t）	横桥向撞击作用（kN）	顺桥向撞击作用（kN）
四	500	550	450
五	300	400	350
六	100	250	200
七	50	150	125

3 当缺乏实际调查资料时，海轮撞击作用的设计值可按表 4.4.1-2 取值。

表 4.4.1-2 海轮撞击作用设计值

船舶吨级 DWT（t）	3 000	5 000	7 500	10 000	20 000	30 000	40 000	50 000
横桥向撞击作用（kN）	19 600	25 400	31 000	35 800	50 700	62 100	71 700	80 200
顺桥向撞击作用（kN）	9 800	12 700	15 500	17 900	25 350	31 050	35 850	40 100

4 规划航道内可能遭受大型船舶撞击作用的桥墩，应根据桥墩的自身抗撞击能力、桥墩的位置和外形、水流流速、水位变化、通航船舶类型和碰撞速度等因素作桥墩防撞设施的设计。当设有与墩台分开的防撞击的防护结构时，桥墩可不计船舶的撞击作用。

5 内河船舶的撞击作用点，假定为计算通航水位线以上 2m 的桥墩宽度或长度的中点。海轮船舶撞击作用点需视实际情况而定。

4.4.2 有漂流物的水域中的桥梁墩台，设计时应考虑漂流物的撞击作用，其横桥向撞击力设计值可按下式计算，漂流物的撞击作用点假定在计算通航水位线上桥墩宽度的中点：

$$F = \frac{Wv}{gT} \quad (4.4.2)$$

式中：W——漂流物重力（kN），应根据河流中漂流物情况，按实际调查确定；
　　　v——水流速度（m/s）；
　　　T——撞击时间（s），应根据实际资料估计，在无实际资料时，可用 1s；
　　　g——重力加速度，$g = 9.81 \text{m/s}^2$。

4.4.3 桥梁结构必要时可考虑汽车的撞击作用。汽车撞击力设计值在车辆行驶方向应取 1 000kN，在车辆行驶垂直方向应取 500kN，两个方向的撞击力不同时考虑。撞击力应作用于行车道以上 1.2m 处，直接分布于撞击涉及的构件上。

对设有防撞设施的结构构件，可视防撞设施的防撞能力，对汽车撞击力设计值予以折减，但折减后的汽车撞击力设计值不应低于上述规定值的 1/6。

4.4.4 公路桥梁护栏应按现行《公路交通安全设施设计规范》（JTG D81）的有关规定执行。

4.5 地震作用

4.5.1 公路桥梁地震作用应符合现行《公路工程抗震规范》（JTG B02）和《公路桥梁抗震设计细则》（JTG/T B02-01）的规定。

附录A 全国气候分区图

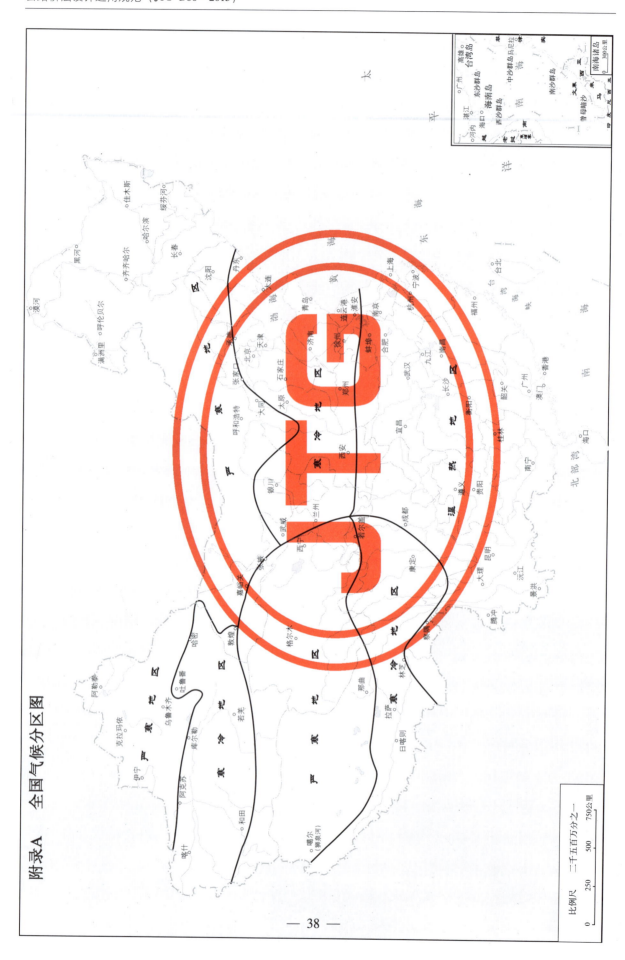

本规范用词用语说明

1 本规范执行严格程度的用词,采用下列写法:
1)表示很严格,非这样做不可的用词,正面词采用"必须",反面词采用"严禁";
2)表示严格,在正常情况下均应这样做的用词,正面词采用"应",反面词采用"不应"或"不得";
3)表示允许稍有选择,在条件许可时首先应这样做的用词,正面词采用"宜",反面词采用"不宜";
4)表示有选择,在一定条件下可以这样做的用词,采用"可"。

2 引用标准的用语采用下列写法:
1)在规范总则中表述与相关标准的关系时,采用"除应符合本规范的规定外,尚应符合国家和行业现行有关标准的规定"。
2)在规范条文及其他规定中,当引用的标准为国家标准和行业标准时,表述为"应符合《××××××》(×××)的有关规定"。
3)当引用本规范中的其他规定时,表述为"应符合本规范第×章的有关规定"、"应符合本规范第×.×节的有关规定"、"应符合本规范第×.×.×条的有关规定"或"应按本规范第×.×.×条的有关规定执行"。

附件

《公路桥涵设计通用规范》

(JTG D60—2015)

条 文 说 明

1 总则

1.0.1 本次修订对公路桥涵设计原则进行了调整和修改。近些年的桥梁安全事故，使桥梁工程设计者和管理者认识到结构物的安全、耐久是最基本的要求。在保证安全和耐久的前提下，桥涵设计要优先考虑满足功能需求，即要满足"适用"的要求，再根据具体情况考虑环保、经济和美观的要求。环保问题关系到社会的可持续发展，须给予高度重视。

1.0.3 桥梁上的可变作用是随时间变化的，所以它的统计分析要用随机过程概率模型来描述。随机过程所选择的时间域即为基准期。根据《工程结构可靠性设计统一标准》（GB 50153）的规定，公路桥涵结构的设计基准期取100年。

1.0.4 设计使用年限是体现桥涵结构耐久性的重要指标，美国、英国、新西兰和日本等多国的桥梁设计规范对桥梁设计使用年限均有明确的规定。现行《公路工程技术标准》（JTG B01）修订时综合考虑了国标的规定、公路功能、技术等级和桥涵重要性等因素，规定了桥涵主体结构和可更换部件设计使用年限的最低值。本条规定与《公路工程技术标准》（JTG B01—2014）保持一致。

1.0.5 本条中的桥涵分类标准采用了两个指标：一个是单孔跨径L_K，用以反映桥涵的技术复杂程度；另一个是多孔跨径总长L，用以反映建设规模。本条与《公路工程技术标准》（JTG B01—2014）保持一致。

在确定桥涵分类时，符合其中一个指标即可归类，存在差异时，可采取"就高不就低"的原则。

在计算桥梁长度时，曲线桥宜按弧长计，斜桥宜按斜长计。

1.0.7 可持续发展已成为国内外工程界普遍关注的问题。当前环境、资源对公路桥涵建设的约束不断强化，加快资源节约型、环境友好型行业建设已成为行业转型发展的重要途径，为此，交通运输部适时地提出了"绿色交通"的发展战略，旨在将可持续发展的理念贯穿落实到交通运输发展的各个领域和各个环节。增加本条规定一方面是贯彻国家和行业的宏观要求，另一方面将有助于提高设计人员对环境和资源的重视。

3 设计要求

3.1 一般规定

3.1.1 桥梁的正常交通荷载包括任意时间的正常和密集运行状态,但不包括超载等。

3.1.3 按照《工程结构可靠性设计统一标准》(GB 50153)的规定,本规范将桥涵设计分为承载能力和正常使用两类极限状态。承载能力极限状态设计体现了桥涵的安全性,正常使用极限状态设计体现了桥涵的适用性和耐久性,这两类极限状态概括了结构的可靠性。只有每项设计都符合各有关规范的两类极限状态设计的要求,才能使所设计的桥涵达到其全部的预定功能。

(1) 承载能力极限状态:对应于桥涵结构或其构件达到最大承载能力或出现不适于继续承载的变形或变位的状态,包括构件和连接的强度破坏、结构或构件丧失稳定及结构倾覆、疲劳破坏等。

(2) 正常使用极限状态:对应于桥涵结构或其构件达到正常使用或耐久性能的某项限值的状态,包括影响结构、构件正常使用的开裂、变形等。

3.1.4 本条对设计状况进行了修订,增加了地震设计状况。

1 持久状况所对应的是桥梁的使用阶段。这个阶段持续的时间很长,要对结构的所有预定功能进行设计,即要进行承载能力极限状态和正常使用极限状态的计算。

2 短暂状况所对应的是桥梁的施工阶段和维修阶段。这个阶段的持续时间相对于使用阶段是短暂的,结构体系、结构所承受的荷载等与使用阶段也不同,设计要根据具体情况而定。在这个阶段,要进行承载能力极限状态计算,可根据需要作正常使用极限状态计算。

3 偶然状况所对应的是桥梁可能遇到的撞击等状况。这种状况出现的概率极小,且持续的时间极短。按照《工程结构可靠性设计统一标准》(GB 50153)的规定,偶然状况的设计原则是:主要承重结构不致因非主要承重结构发生破坏而导致丧失承载能力;或允许主要承重结构发生局部破坏而剩余部分在一段时间内不发生连续倒塌。偶然状况一般只进行承载能力极限状态计算。

4 地震作用是一种特殊的偶然作用,与撞击等偶然作用相比,地震作用能够统计并有统计资料,可以确定其标准值。而其他偶然作用无法通过概率的方法确定其标准值,因此,两者的设计表达式是不同的。因而在原有三种设计状况的基础上,增加了地

条 文 说 明

震设计状况。

3.1.5 在重复车辆荷载、风等交变荷载的作用下，公路桥梁钢结构可能会产生疲劳裂纹，疲劳裂纹不断扩展，将影响钢结构的使用，甚至导致断裂破坏。近几十年来，钢结构在我国的公路桥梁建设中得到了广泛应用，实践中发现钢结构的疲劳问题比较突出。疲劳已成为影响公路桥梁钢结构安全和耐久的主要因素之一。在相关的钢结构设计规范中，对抗疲劳设计均有具体的规定，但原规范中没有抗疲劳设计的要求。因此，本次修订增加了公路桥梁钢结构部分应根据需要进行抗疲劳设计的要求。

3.1.6 2010 年，为了加强公路桥梁和隧道工程安全管理，增强安全风险意识，优化工程建设方案，提高工程建设和运营安全性，交通运输部发布了《关于在初步设计阶段实行公路桥梁和隧道工程安全风险评估制度的通知》（交公路发〔2010〕175 号），桥梁和隧道设计阶段风险评估工作开始正式实施。

3.1.8 养护是公路桥涵安全性和耐久性的重要保障。实践发现，在公路桥涵设计中，存在对桥梁结构未来养护需求估计不足的情况。主要表现在某些桥梁构件难以到达，例如缆索承重体系桥梁的梁底、变高度箱梁的根部区域等；某些桥梁构件难以检查，例如悬索桥主缆底部、埋置于混凝土中的拉索锚头、桥塔外表面等。不可到达、不可检查导致了桥梁部分病害的不可预知，造成了安全隐患。因此，本次修订增加了可到达、可检查的设计要求。

公路桥涵结构中，可更换构件的设计使用年限低于桥涵主体结构的设计使用年限，在设计使用年限内需要进行维修和更换，比较典型的构件包括斜拉索、吊杆、伸缩装置、支座等。在桥梁设计中，应考虑未来维修、更换的需要。因此，本次修订增加了可维修、可更换的设计要求。

3.2 桥涵布置

3.2.1 特大、大桥的桥位应选择在顺直的河道段，避免设在河湾处，以防止冲刷河岸。同时要求河槽稳定，主槽不易变迁，大部分流量能在所布置桥梁的主河槽内通过。桥位的选择要求河床地质条件良好、承载能力高、不易冲刷或冲刷深度小。桥位若处于断层地带，需分析断层的性质，如为非活动断层，墩台基础尽量设置在同一盘上。桥位避免选择在有溶洞、滑坡和泥石流的地段，否则应采取防护工程措施，确保岸坡稳定。

3.2.3 通航河道的主流宜与桥纵轴线正交，如有困难，其斜度不宜大于5°。这是从航行安全考虑的。

本条的"斜桥正做"是指桥梁的纵轴线与水流方向斜交、墩台纵轴线与桥梁的纵轴线正交。

3.2.6 本条所说的"通航水域",是指具备各类船舶通达条件的水域。通航水域中的桥墩设置于浅水区,主要是为了减少大型船舶的撞击概率。

3.2.7 路侧净区是指公路行车方向最右侧车道以外、相对平坦、无障碍物、可供失控车辆重新返回正常行驶路线的带状区域。具体可参见现行《公路交通安全设施设计规范》(JTG D81)等的相关规定。

3.2.8 单边河滩流量不超过总流量的15%或双边河滩流量不超过总流量的25%时,表明主槽流量占总流量的大部分,河流压缩不大,一般情况下可不设置调治构造物。

3.2.9 本条有关公路桥涵设计洪水频率的规定,兹说明如下:

1 鉴于桥梁水毁的原因之一是基础埋置深度不够,因此规定在水势猛急、河床易冲刷的情况下,对于二级公路上的特大桥和三、四级公路上的工程艰巨、修复困难的大桥,必要时可选用高一等级的设计洪水频率(即分别为1/300和1/100)验算基础冲刷深度。

3 国内外的经验表明,洪水频率的选择应考虑结构的重要性与洪水对周边地区的危害程度。比较原规范桥涵设计洪水频率是与桥梁分类标准相关,虽然以跨径或总长标准界定的桥梁分类标准一定程度上反映了桥梁的重要性,但并不全面,特别是总长标准,反映桥梁的技术复杂性与重要性并不充分。因此,本次修订增加对由多孔中小跨径桥梁组成的特大桥,其设计洪水频率可按相同公路等级的大桥标准确定的规定。

4 四级公路主要是沟通县、乡、村并直接为农业服务的支线公路,涵洞及其他排水构造物的设计洪水频率应密切结合当地的农业排灌等具体情况确定,不作硬性规定。漫水桥虽易阻断交通,但具有造价低和易修复的优点,在容许有限度中断交通的三、四级公路上,可以修建漫水桥。

桥梁设计洪水位即为符合表3.2.9规定频率的流量相应的最高洪水位。当以暴雨径流计算设计流量时,其频率需符合表3.2.9的规定。

3.3 桥涵孔径

3.3.2 对暴雨径流,允许在小桥涵的上游有短时间的积水,以压缩小桥涵的孔径。小桥涵的积水深度及范围,可根据桥涵上游地形确定,但要保证积水壅高不会危害上游村镇和农田的安全。本条规定因积水而减少的流量,不宜大于总流量的1/4,也是从小桥涵本身的安全考虑的。

3.3.6 新建中小桥涵的设计采用标准化的装配式结构及机械化、工厂化施工,可节约投资,便于养护和构件的更换,提高桥涵结构的安全耐久性。

3.4 桥涵净空

3.4.1 本条要求桥涵净空符合公路建筑限界要求，这样可以使桥梁与公路更好地衔接，公路上的车辆可维持原速通过桥梁。车辆在公路上无障碍地行驶，尤其在高速公路和一级公路上，这是现代交通的最基本要求。

"桥面净宽与路基宽度相同"中，路基宽度不含土路肩。

3.4.2 在目前的桥梁设计中，一般不考虑路缘石对车辆的防撞作用，设置路缘石仅是为了起到视线诱导、排水和警示的作用。但是，如果路缘石能够对失控车辆起到第一道防护作用，则能更有效地降低事故严重程度，保护行人和车辆安全，减少事故损失。"山区公路网安全保障技术体系研究与示范工程"项目从路缘石对车辆所起的拦护作用方面考虑，基于车辆动态仿真实验对公路桥梁路缘石合理高度进行了研究。根据不同车速、不同碰撞角度、不同路缘石高度条件的路缘石碰撞仿真实验结果，路缘石对偏驶车辆的拦护效果优劣程度为 35cm > 30cm > 25cm > 40cm > 15cm > 20cm，这与现行规范路缘石高度可取用 25～35cm 的规定基本吻合。考虑到 35cm 高路缘石的拦护效果最佳，本次修订建议路侧环境危险时，桥梁路缘石高度取用较大值。

3.4.3 关于河流中漂流物在水面上突出的高度，根据几十份调查资料，一般高出水面 1m 左右，最高可达 2m。国外资料也有高出 3～4m 的。设计时要按实地调查资料确定。

3.4.4 当矩形涵洞进口净高大于 3m 时，其顶面至最高水面的净高不应小于 0.5m，这与不通航河流上的梁底净空规定是一致的。

3.5 桥上线形及桥头引道

3.5.1 本条有关桥梁纵坡的规定，兹说明如下：

1 有关桥上及其引道纵坡的规定，从多年的应用情况看，总体上是适宜的。

2 对于位于城镇混合交通繁忙处的桥梁，为方便非机动车的行驶，规定了桥上纵坡及桥头引道纵坡均不得大于 3%。

3 考虑到在冰雪条件下，与公路相比，桥梁更易结冰，冰雪更难消融，从保障行车安全、桥梁结构安全使用等的角度，规定了易结冰、积雪的桥梁桥上纵坡不宜大于 3%。

3.5.2 在洪水泛滥范围内的特大、大、中桥桥头引道，经常受到洪水的威胁，要求与桥梁具有相同的抵御洪水的能力，其路肩高程应至少高出桥梁设计洪水位 0.5m。

当小桥或涵洞的流量超过其设计流量时，多数情况是溢流首先冲毁路堤，进而导致桥涵破坏，故小桥涵引道路堤的顶高宜在桥涵壅水水位以上至少 0.5m。

3.5.3 本条有关桥头锥体及引道的规定，兹说明如下：

1 桥头锥坡填土或实体式桥台背面的一段引道填土，可用砂性土或其他透水性土，这对于台背排水和防止台背填土冻胀是十分必要的。在非严寒和无冻胀地区，桥头填土也可以就地取材，利用桥涵附近的土填筑。

2 锥坡坡面一般要铺砌，且填土经夯实，其边坡的稳定性好于一般路基边坡，故可以采用较陡的边坡坡度。高填土路堤因本身自重影响其下层边坡的稳定，且锥坡在淹水部分因浸水而减小了土体的安息角，故要根据实践经验采用较缓的边坡坡角，以保证其稳定。

3 对于埋置式桥台、钢筋混凝土桩、柱式桥台，其台前锥坡体既起保护桥台的作用，又可平衡台背侧压力，故采用较缓的边坡坡度，以保证稳定。

3.5.4 桥台侧墙后端和悬臂梁的悬臂端要伸入桥头锥坡 0.75m，这是为了保证桥台或悬臂端与引道路堤的密切衔接。

3.5.5 桥头搭板在许多情况下为简单实用且有效的治理桥头跳车的办法。本次修订吸取了国家科技支撑计划项目"山区公路网安全保障技术体系研究与示范工程"的研究成果，对桥头搭板的长度、宽度和厚度要求进行了完善，说明如下：

1 桥头搭板长度的确定主要从两个方面来考虑：①保证搭板的工后沉降坡差小于容许值；②保证搭板长度稍大于台背后填土缺口的上口宽度。综合考虑这两种因素的估算结果及我国桥梁设计的常规做法，本次修订规定搭板长度不宜小于 5m，当桥台高度不小于 5m 时，搭板长度不宜小于 8m。

2 搭板宽度影响因素较少。从搭板的受力看，当车轮直接压在搭板的纵向边缘时，对搭板的受力是不利的，因此搭板做宽点对受力有利。同时，为避免行车道范围内由于搭板宽度不足导致差异沉降、影响行车安全，规定搭板宽度不应小于行车道宽度。实践中，一般将搭板宽度做到两侧与路缘石边缘相齐，并用柔性材料隔离。

3 搭板的厚度主要根据受力要求来确定。搭板的受力要求可分为强度要求和变形要求。但是，由于搭板受力复杂，很难简单地确定搭板的受力状况，因而通常采用的处理方法是将搭板换算为等效简支板，找出搭板长度与计算跨径之间的关系，大致研究出各种板长的相应计算跨径，从而按简支板的方法确定搭板的厚度。根据研究结果，搭板厚度一般取搭板长度的 1/16~1/24。我国近年来的桥梁设计中，搭板厚度根据具体情况一般取 25cm、30cm 或 35cm。综合考虑理论分析结果和我国的工程实践经验，本次修订规定搭板厚度不宜小于 0.25m，当搭板长度不小于 6m 时，其厚度不宜小于 0.30m。

3.6 构造要求

3.6.2 设置变形缝或伸缩缝,可减小温度变化、混凝土收缩和徐变、地基不均匀沉降以及其他外力所产生的影响。

3.6.6 桥梁护栏与桥面板的可靠连接是保证桥梁护栏有效发挥作用的前提条件,目前常用的方法有:

(1) 金属梁柱式护栏立柱与钢筋混凝土桥面板的连接可以采用直接埋入式或地脚螺栓的连接方式。

直接埋入连接方式适用于立柱埋深 30cm 以上的情况。混凝土桥面板浇筑时预先安装套筒,并在套筒周围配置加强钢筋,立柱直接放置在套筒中,填筑干硬性砂浆或素混凝土。

地脚螺栓连接方式适用于立柱埋深不足 30cm 的情况。在结构物混凝土中预埋符合规定长度的地脚螺栓,立柱底部焊接加劲法兰盘,与地脚螺栓连接。

(2) 钢筋混凝土墙式护栏与钢筋混凝土桥面板的连接,一般通过护栏钢筋与桥面板中的预埋钢筋连接在一起的方式形成整体。

3.6.8 本条有关桥梁支座的规定,兹说明如下:

2 目前,常在桥梁横桥向设置多个支座,由于施工质量、运营环境等种种原因,部分支座出现脱空现象,导致相邻支座受力加大,易出现支座被逐个破坏的可能。同时,加大的支反力还会引起桥梁结构承托(牛腿、支座上方)部位局部受力加大,引发混凝土开裂等病害。这样的案例国内外都有发生。因此,要求设计要考虑支座脱空带来的不利影响。

3 为保证传力均匀,要求支座上下传力面水平,板式橡胶支座可采取措施如梁底预埋钢板、设楔形块等保持支座上下面水平,盆式支座和球型支座有纵坡时要调平梁底后方可安装。

4 通常板式支座受橡胶性能的影响,设计使用寿命一般为 20~30 年,盆式支座、球型支座的使用寿命比板式橡胶支座长,但也低于主体结构的设计寿命。因此,进行桥梁结构设计时,要考虑桥梁在服役期间支座的维护和更换问题,设置支座的墩台应留有检查和更换支座的构造措施,并配以必要的操作安全防护设施。

3.6.9 桥梁用伸缩装置为桥梁的组成部分之一。常用的伸缩装置有模数式、梳齿板式、无缝(暗缝)型等类型。伸缩装置的设置应保证桥梁接缝处的变形自由、协调,车辆能够平稳、安全地通过,并适应接缝周围可能出现的少量错位,不致因此而引起伸缩装置部件的受损或脱落。

3.7 桥面铺装、防水和排水

3.7.2 沥青混凝土和水泥混凝土都是不能完全防水的。防水层的设置可避免或减少钢筋的锈蚀，保证桥梁结构的质量。

3.7.4 水泥混凝土桥面铺装层直接承受车辆轮压的作用，既是保护层，又是受力层，要具有足够的强度、良好的整体性以及抗冲击与耐疲劳特性，同时还要具有防水性及其对温度变化的适应性。

要减少和消除桥面铺装层在预定的设计使用期内的早期破坏、满足行车荷载和环境因素作用下的使用功能，就要强化铺装层结构的抗裂性能和耐疲劳特性。

3.7.5 钢桥面铺装一般采用沥青混凝土体系，其涉及对正交异性钢桥面板的结构受力状态、桥梁纵面线形、当地气象与环境条件、铺装材料的基本强度、变形性能、抗腐蚀性、水稳性、高温稳定性、低温抗裂性、黏结性、抗滑性、施工工艺等。

3.8 养护及其他附属设施

3.8.1 悬索桥、斜拉桥以及带吊杆的拱桥，由于拉索和吊杆的阻碍，不方便采用桥检车对主梁底面、侧面等进行检修。另外，大跨径梁桥中间支点处梁高较大，有时也无法采用桥检车下探至梁底进行检修。对于这类不方便采用桥检车进行检修的特大、大桥，条件许可时，宜配置专用检修车。

3.8.2 运营桥梁在车辆荷载、地基沉陷等因素影响下，可能会出现主梁下挠、开裂、下沉、移位等病害。为了确保桥梁的安全，管养单位有必要进行定期检查，及时掌握桥梁的变形、位移状况。布设桥梁永久观测点并定期观测，是一种简单、实用、有效的桥梁变形监测方法。因此，本次修订增加了设置永久观测点的要求。

特大、大、中桥桥墩台旁必要时可设置水尺或标志，以观测水位和冲刷情况。

3.8.4 桥梁防雷设计可参考现行《建筑物防雷设计规范》（GB 50057）、《高速公路设施防雷设计规范》（QX/T 190）等。

3.8.6 随着技术的进步，桥梁安全监测系统技术已经日臻成熟，在公众对工程结构安全性日益关注的背景下，根据桥梁的结构特点、地理环境及系统目标，结合国内外的最新研究成果和经验，开展桥梁结构安全监测已成为行业发展到一定阶段的内在需求。为此，近年来从不同层面均对桥梁结构的安全监测给出了指导性的意见，《公路桥梁养护管理工作制度》（交公路发〔2007〕336号）、2013年交通运输部《交通运输部关于进一步加强公路桥梁养护管理的若干意见》和《交通运输部关于建立公路桥梁安全运行长效机制的若干意见》中均要求"特大、特殊结构和特别重要桥梁的养管单位，要利用现代信息和物联网技术，建立符合自身特点的养护管理系统和健康监测系统"。开展结构安全监测一方面可以促进大型桥梁养护技术、结构可靠性评定及相关技术的进步，也是桥梁学科贯彻落实国家、行业有关要求的重要举措。

　　大型桥梁是国家或地区的交通命脉，耗资巨大，一旦发生桥梁坍塌事故，将造成重大的人员伤亡和巨大的经济损失，并且带来恶劣的社会影响。为了及时掌握大桥的性能表现，防止突发性坍塌事故发生，采用科学的方法对大桥进行运营期安全监测是极为必要的，目前这一点已逐渐得到了学术界、工程界以及政府部门的广泛认同，桥梁运营期结构安全监测技术也逐渐在我国新建大桥中得到推广应用。从发展趋势来看，桥梁结构安全监测与安全评价系统已成为大桥建设工程的一部分，目前国内外新建大跨桥梁结构安全监测系统大多与主体工程一同招标，要在设计阶段统筹考虑，因此，本次修订增加了设置桥梁结构监测设施的要求。据不完全统计，我国已有四十余座桥梁布设了结构安全监测系统。

4 作用

4.1 作用分类、代表值和作用组合

4.1.1 引起结构反应的原因可以按作用的性质分为截然不同的两类：一类是施加于结构上的外力，如车辆、人群、结构自重等，它们是直接施加于结构上的，可用"荷载"这一术语来概括；另一类不是以外力形式施加于结构，它们产生的效应与结构本身的特性、结构所处环境等有关，如地震、基础变位、混凝土收缩和徐变、温度变化等，它们是间接作用于结构的，如果也称"荷载"，容易引起人们的误解。因此，目前国际上普遍将所有引起结构反应的原因统称为"作用"，而"荷载"仅限于表达施加于结构上的直接作用。

作用按随时间的变化分为永久作用、可变作用和偶然作用。这种分类是结构上作用的基本分类。永久作用是经常作用的且数值不随时间变化或变化微小的作用；可变作用的数值是随时间变化的；偶然作用的作用时间短暂，且发生的概率很小。如前所述，地震作用是一种特殊的偶然作用，因此，将地震作用单列为一种类型。

4.1.2 作用具有变异性，但在结构设计时，不可能直接引用作用随机变量或随机过程的各类统计参数通过复杂的计算进行设计，作用代表值就是为结构设计而给定的量值。设计的要求不同，采用的作用代表值也可不同，这样可以更确切、合理地反映作用对结构在不同设计要求下的特点。作用的代表值一般可分为标准值、组合值、频遇值和准永久值。

永久作用（如恒荷载）被近似地认为在设计基准期内是不变的，它的代表值只有一个，即标准值。可变作用按其在随机过程中出现的持续时间或次数的不同，可取标准值、组合值、频遇值和准永久值作为其代表值。

作用的标准值是结构设计的主要参数，关系到结构的安全问题，是作用的基本代表值。作用的标准值反映了作用在设计基准期内随时间的变异，其量值应取结构设计规定期限内可能出现的最不利值，一般按作用在设计基准期内最大值概率分布的某一分位值确定。

对于结构自重，包括结构的附加重力，它们的标准值按结构设计规定的设计尺寸和材料的重度计算确定。调查统计表明，结构的设计尺寸与实测均值极为相近；钢筋混凝土构件的重度与规范的规定值也是接近的。

可变作用的组合值是指在主导可变作用（汽车荷载）出现时段内其他可变作用的

最大量值，但它比可变作用的标准值小，实际上由标准值乘以小于1的组合值系数ψ_c得到。

可变作用的频遇值是指结构上较频繁出现的且量值较大的作用取值，但它比可变作用的标准值小，实际上由标准值乘以小于1的频遇值系数ψ_f得到。

可变作用的准永久值是指在结构上经常出现的作用取值，但它比可变作用的频遇值又要小一些，实际上是由标准值乘以小于ψ_f的准永久值系数ψ_q得到。

4.1.4 结构通常要同时承受多种作用。在进行结构设计时，无论是承载能力极限状态还是正常使用极限状态，均应考虑可能同时出现的多种作用的组合，求其总的作用效应，同时考虑到作用出现的变化性质，包括作用出现与否及作用出现的方向。这种组合是多种多样的，应在考虑的所有可能的组合中，取其最不利的作用组合效应进行设计。

规范只指出了作用组合要考虑的范围，其具体组合的内容，尚需由设计者根据实际情况确定，规范不宜规定过死。对于一部分不能同时组合的作用，规范以表的形式列出。制动力与支座摩阻力不同时组合，这是考虑到活动支座的最大摩阻力，当上部构造恒载一定、支座摩阻系数一定时是一个定值。任何纵向力，不能大于支座摩阻力，因此，制动力与支座摩阻力不同时存在。流水压力不与汽车制动力、波浪力、冰压力同时组合，这是考虑同时出现的可能性极小，或波浪力、冰压力远大于流水压力，且实测中也难以分开。

4.1.5 公路桥涵结构的承载能力极限状态设计，按照可能出现的作用，将其分为三种作用组合，即基本组合、偶然组合和地震组合。作用的基本组合是指永久作用设计值与可变作用设计值的组合，这种组合用于结构的常规设计，是所有公路桥涵结构都应该考虑的。作用的偶然组合是指永久作用标准值、可变作用代表值和一种偶然作用设计值的组合，视具体情况，也可不考虑可变作用参与组合。作用偶然组合和地震组合用于结构在特殊情况下的设计，所以不是所有公路桥涵结构都要采用的，一些结构也可采取构造或其他预防措施来解决。

（1）组合表达式

本条式（4.1.5-1）和式（4.1.5-2）是国内外普遍采用的承载能力极限状态设计作用基本组合表达式。前者的基本参数采用标准值，再乘以分项系数；后者则以设计值来表达基本设计参数。两个表达式本质是相同的，钢筋混凝土结构、钢结构和圬工结构设计规范可根据各自情况选用。

（2）重要性系数

公路桥涵进行持久状况和短暂状况承载能力极限状态设计时，根据结构破坏可能产生的后果的严重程度划分为三个设计安全等级，并用结构重要性系数来体现不同情况的桥涵的可靠度差异。表4.1.5-1列出了不同安全等级对应的桥涵类型。设计工程师也可根据桥涵的具体情况，与业主商定，但不能低于表4.1.5-1所列等级。

(3) 分项系数

本次修订调整了车辆荷载的分项系数。全国汽车荷载研究中，轴（组）重的研究结果显示，三联轴数量多且超载非常严重，并且这类轴型对于桥梁结构的局部和小跨径桥涵的整体安全影响很大，因此，规范应当予以考虑。为了探讨三联轴重量的确定标准，轴（组）重研究中，项目组对全国数据的轴重限值保证率进行了研究，各种方案中，在现行规范双轴组的基础上增加一个后轴42t的三轴组模型其保证率达到了98.6%以上。为了既能反映实际情况中三联轴居多且偏重的实际，又能维持规范的延续性，本次修订建议仍采用现行规范的车辆荷载，只是在利用车辆荷载计算时，将分项系数由1.4提高至1.8，提高的比率是按照42t的三联轴效应与双联轴效应等效的原则确定的。

汽车荷载在公路工程结构中通常被视为主导的可变作用，在设计表达式中与永久作用一样单独列出，车道荷载与车辆荷载采用不同的作用分项系数。在桥梁设计中，当某个可变作用对结构或结构构件确实起到主导影响（在同类效应中其值超过汽车效应）时，则其分项系数采用1.4；对于专为承受某作用而设置的结构或装置，如钢桥的风构，设计时风荷载可被视为主导作用，其分项系数取1.4。同时，作用组合中的车道荷载或车辆荷载仍然取用1.4或1.8的作用分项系数。

表4.1.5-2中土侧压力的分项系数取为1.4，是因为它在多数情况下是按主导荷载考虑的，但当汽车荷载考虑了分项系数后，由汽车荷载引起的土侧压力不再考虑。基础变位作用在以往的桥梁计算中是作为"附加组合"考虑的，其分项系数可采用1.0；对于混凝土和圬工结构，由于混凝土徐变或灰缝塑性变形对基础变位产生的内力的影响，采用0.5的折减系数。

(4) 频遇值和准永久值

按照国际惯例，本规范对已调查的主要可变作用的频遇值和准永久值分别取其随机过程截口任意时点分布的0.95和0.5分位值；对不可调查或尚未调查的可变作用仍取标准值或参照有关资料取值。

(5) 组合值系数

关于组合值系数，本次修订过程中，计算了组合值系数采用下列不同情况时结构的可靠指标：

①2、3、4和5个可变作用组合时，组合值系数分别取0.74、0.55、0.45和0.35，即组合值系数随可变荷载数目变化；

②2、3、4和5个可变作用组合时，组合值系数均取0.74，即组合值系数不随可变荷载数目变化；

③2、3、4和5个可变作用组合时，组合值系数分别取0.80、0.70、0.60和0.50，即组合值系数随可变荷载数目变化；

④2、3、4和5个可变作用组合时，组合值系数均取0.80，即组合值系数不随可变荷载数目变化。

结果表明，对于车辆的一般运行状态和密集运行状态，当采用方案①时，随着可变荷载数目的增加，所有钢筋混凝土构件的可靠指标减小，且减小的幅度比较大；当采用方案②时，随着可变荷载数目的增加，所有钢筋混凝土构件的可靠指标增大，但变化不大；当采用方案③时，随着可变荷载数目的增加，所有钢筋混凝土构件的可靠指标减小，但减小的幅度比方案①小；当采用方案④时，随着可变荷载数目的增加，所有钢筋混凝土构件的可靠指标增大，增加的幅度比方案②大。为了保持不同可变荷载组合数目时构件的可靠指标不变，规范中组合值系数取0.75。

4.2 永久作用

4.2.1 本次修订补充了结构重力标准值的常规计算公式，各常用材料的重度等内容与原规范保持不变。

本条表4.2.1中规定钢筋混凝土或预应力混凝土的重度采用25~26kN/m³。当按体积计算的含筋量小于2%时，采用25kN/m³；大于或等于2%时，可采用26kN/m³。

4.2.3 一般桥台和挡土墙考虑主动土压力。桥台和挡土墙前面地面或冲刷线以下的土压力，由于台后和墙后考虑了主动土压力，台前和墙前可考虑静土压力。

土的外摩擦角δ一般可采用$\varphi/2$。国内外有些资料建议采用$\delta = (1/2 \sim 2/3)\varphi$。克列因所著《散体结构力学》中介绍的有关土的试验数据见表4-1。考虑汽车冲击以及渗水的影响，δ采用$\varphi/2$是合适的。考虑外摩擦角（$\delta = \varphi/2$）与不考虑外摩擦角所计算出的主动土压力系数值，相差10%左右，见表4-2。

土压力在墙背的分布规律，经模型试验测得其与墙高为非线性关系。影响土压力的因素有填料性质、土与墙背之间的接触状况、墙的位移等。

表4-1 土的重度和内、外摩擦角

名称	重度（kN/m³）	内摩擦角 φ（°）	墙背与填土之间外摩擦角 δ（°）
湿黏土	17~19	25~35	17~18
干黏土	16~17	40~45	27~33
湿砂砾	19~20	25~35	22
干砂砾	18	35~45	24~31
湿砂	17~18	40	25
干砂	15~17	30~35	29~30

表4-2 主动土压力系数值比较

土的内摩擦角 φ（°）	20	25	30	35	40	45
当 $\delta=0°$ 时的值	0.490	0.406	0.333	0.271	0.217	0.171
当 $\delta=\varphi/2$ 时的值	0.446	0.368	0.301	0.246	0.198	0.166

注：上表是按墙背竖直、填土与墙顶同高的情况计算的。

根据墙的不同位移情况来分析土压力的分布和作用点是比较切合实际的。但一般桥台（拱桥桥台除外）和挡土墙的主动土压力，多属于墙身向外倾的土压力，因此，土压力按三角形分布,并假定作用点在 $H/3$ 处。

柱式墩台土压力计算宽度。当柱间的净距小于或等于其直径(或宽度)时,考虑到回填土剪切变形对应力传递的影响,土压力宽度按柱群最外边缘间全宽计算。这样就与实体桥台的计算宽度取得一致。

当柱间净距大于直径(或宽度)时,应考虑柱间空隙折减。如柱直径(或宽度) D 小于或等于1.0m,则中间每一柱按2倍直径(或宽度)计算,最外边缘的柱按1.5倍直径计算。在求得作用在柱群上的总土压力宽度之后,再分配到每一柱上,土压力计算宽为:$b = \dfrac{D(2n-1)}{n}$,其中 n 为柱根数。如柱直径(或宽度) D 大于1.0m,则中间柱一律增加计算宽度1.0m,即 $(D+1)$;边柱增加0.5m。故作用在每一柱上的土压力计算宽度为 $b = \dfrac{n(D+1)-1}{n}$。对 D 大于1.0m 的土压力计算宽度的确定,并无理论或试验的依据,只是比照实体桥台,避免在土压力计算宽度上出现大的矛盾。

填土对涵洞的土压力,分为竖向土压力和水平土压力两种。竖向压力的计算,目前有三种计算方法:"等沉面"理论;"卸荷拱"法;"土柱"法。"等沉面"理论现在用得比较广泛,计算结果竖向压力为最大,新填土涵洞与实测结果比较接近;"卸荷拱"法,由于其形成条件不易满足,在多数情况下用不上,只有沟埋式或顶管法施工的涵洞可以考虑采用,竖向压力最小;"土柱"法计算比较简便,计算结果在上述两法之间,与按新填土涵洞实测结果比较,一般偏小,但对高填土涵洞还是比较接近的。公路部门自20世纪50年代以来一直按"土柱"法计算。用"土柱"法计算,涵洞两侧填土必须夯实,否则两侧填土下沉大于洞顶填土下沉将产生附加压力。

涵洞的水平土压力,公路上一直采用主动土压力计算,现仍不变。

4.2.4 混凝土收缩的原因,主要是水泥浆的凝缩和因环境干燥所产生的干缩。混凝土收缩会使受约束的构件产生应力,而这种应力的长期存在又因混凝土徐变的影响减小了收缩应力。徐变是混凝土在持续恒定应力作用下应变不断变化的一种现象。混凝土的收缩和徐变主要有下列规律:

(1)随水灰比增长而增加;
(2)高强度等级水泥的收缩较大;
(3)增加填充集料可减小收缩、徐变,并随集料的种类、形状及颗粒组成的不同而异;
(4)收缩徐变在凝结初期比较快,以后逐渐迟缓,但仍延续很长时间;
(5)环境湿度大的收缩、徐变小,干燥地区收缩、徐变大。

试验表明,混凝土应力与其立方体强度的比值在一定范围内时,混凝土的徐变变形与应力成线性关系。线性与非线性的界限通常定在混凝土应力不超过 $0.5f_{cu}$(f_{cu} 为混凝土立方体抗压强度)。公路桥梁构件在结构重力和预加力作用下,一般都处在线性徐变范围内。由于徐变变形与应力成线性关系,可以采用不同应力引起的徐变变形叠加。

4.2.5 水浮力为作用于建筑物基底面的由下向上的水压力，等于建筑物排开同体积的水重力。地表水或地下水通过土体孔隙的自由水沟通并传递水压力。水是否能渗入基底是产生水浮力的前提条件，因此，水浮力与地基土的透水性、地基与基础的接触状态以及水压大小（水头高低）和漫水时间等因素有关。

对于透水性土，应计算水浮力；对于非透水性土，可不考虑水浮力。由于土的透水性质难以预测，故对于难以确定是否具有透水性质的土，计算基底应力时，不计浮力，计算稳定时，计入浮力。对于计算水浮力的水位，计算基底应力用低水位，计算稳定用设计水位。

完整岩石（包括节理发育的岩石）上的基础，当基础与基底岩石之间灌注混凝土且接触良好时，水浮力可以不计。但遇破碎的或裂隙严重的岩石，则应计入水浮力。作用在桩基承台底面的水浮力要考虑，但如桩下沉嵌入岩层并灌注混凝土者，需扣除桩截面。

基础襟边上的水位以下的土重力，当基底考虑浮力时采用浮重；当基底不考虑浮力时，视其是否透水采用天然重或饱和重，另外还要计入襟边土层以上至设计水位的水柱重力。

浮土重度按下式计算：

$$\gamma' = \frac{1}{1+e}(\gamma_0 - 1) \tag{4-1}$$

式中：e——土的孔隙比；

γ_0——土的固体颗粒重度，一般采用 $27kN/m^3$。

4.3 可变作用

4.3.1 本条有关汽车荷载的规定，兹说明如下：

1~4 汽车荷载的等级、计算图示及标准值。2008~2011 年，本规范编写组结合交通运输部西部交通建设科技项目"桥梁设计荷载与安全鉴定荷载的研究"，开展了全国汽车荷载现状调查和统计分析。结果表明，汽车荷载变异性较过去增加很多。由于中小跨径桥梁恒活载比例较小，这对小跨径桥梁的影响较大，实际中出现的重载车辆压垮桥梁的事故，也多为中小跨径桥梁。鉴于此，本次修订提高了跨径在5m以下桥梁的车道荷载集中载标准值，对50m跨径以内的桥梁设计汽车荷载效应有所增加。

自2009年起，我国各省（自治区、直辖市）开始陆续取消二级公路收费，部分二级公路的交通量和荷载水平有了较大增长。因此，本次修订调整了二级公路的汽车荷载等级：一般情况下，二级公路桥涵的设计应采用公路—Ⅰ级汽车荷载；二级公路为非干线公路且重型车辆不多时，其桥涵的设计可采用公路—Ⅱ级汽车荷载。

6 汽车荷载横向分布系数。桥梁设计时，为取得主梁的最大受力，汽车荷载在桥面上需要偏心加载，其方法仍可用车辆荷载偏心加载确定。

7 横桥向设计车道布置及多车道横向布载系数。对多车道进行横向折减的含义是，在桥梁多车道上行驶的汽车荷载使桥梁构件的某一截面产生最大效应时，其同时处于最不利位置的可能性显然随车道数的增加而减小，而桥梁设计时各个车道上的汽车荷载都是按最不利位置布置的，因此，计算结果应根据上述可能性的大小进行折减。这是个概率事件，可以认为各车道上的汽车荷载加载是互不相关的，按重复独立试验随机事件的概率理论，建立多车道横向折减系数与相关变量的关系式，得到折减系数的具体数值。"桥梁设计荷载与安全鉴定荷载的研究"项目中，针对原规范的横向折减系数进行了专项研究，在国内外对比的基础上，根据实测数据进行了多车道重车相遇概率研究。研究表明，虽然目前车流量较以往有了较大提高，但在实际运营过程中多车道重载车辆相遇仍属小概率事件，即仍需考虑多车道的横向折减问题。进而根据我国当前高速公路和一般公路的实际交通流数据进行了横向折减系数计算。结果显示，在实测最大重车交通量条件下，4车道内基本和原规范相同，4车道以上的略小于现行规范值。总体而言，原规范多车道横向折减系数取值在当前及今后一个时期内的交通状况下是适用的。因此，本次修订维持原规范的规定。根据研究增列了单车道的横向车道布载系数。

8 汽车荷载纵向折减系数。规范规定的汽车荷载标准值是在特定的条件下确定的，例如，在汽车荷载的可靠性分析中，用于计算各类桥型结构效应的车队，采用了自然堵塞时的车间间距；汽车荷载本身的重力，也采用了路上运煤车或其他重车居多的调查资料。但是，在实际桥梁上通行的车辆不一定都能达到上述条件，特别是大跨径的桥梁。所以，国外有些规范对车辆荷载适用跨径作了限制。本规范采用纵向折减的方法，对特大跨径桥梁的计算效应进行折减。折减系数 α 的计算采用专题研究得到的下列公式：$\alpha(L_0) = 0.979\,13 - 4.718\,5 \times 10^{-5} L_0$，式中 L_0 为计算跨径，以 m 计。折减系数 α 以加载长度为函数更合理些，但考虑到折减值较小，且跨径很大的桥梁才进行折减，α 以 L_0 为函数计算起来更方便一些。

"桥梁设计荷载与安全鉴定荷载的研究"项目对桥梁纵向折减系数也进行了针对性研究，根据实测数据进行了多种大跨径桥梁的汽车荷载效应计算，建立了纵向折减系数与桥梁跨径的回归关系。结果表明，实测纵向折减系数随跨径增大而减小的趋势更为明显，且原规范的取值也是相对保守的，考虑到未来的发展以及实际运营过程中不可预见的极端状况，原规范的取值总体是适用的。因此，本次修订维持了原规范的规定。

4.3.2 汽车的冲击系数是汽车过桥时对桥梁结构产生的竖向动力效应的增大系数。冲击作用有车体的振动和桥跨结构自身的变形和振动。当车辆的振动频率与桥跨结构的自振频率一致时，即形成共振，其振幅（即挠度）比一般的振动大许多。振幅的大小与桥梁结构的阻尼大小及共振时间的长短有关。桥梁的阻尼主要与材料和连接方式有关，且随桥梁跨径的增大而减小。所以，增强桥梁的纵、横向连接刚度，对于减小共振影响有一定的作用。

冲击影响一般都是用静力学的方法，即将车辆荷载作用的动力影响用车辆的重力乘以冲击系数来表达。

对于钢桥和钢筋混凝土桥的上部结构、钢或钢筋混凝土支座、板式橡胶支座、盆式橡胶支座、钢筋混凝土桩、柱式墩台等，因相对来说自重不大，冲击作用的效果显著，故应计算冲击力。重力式墩台等，因自重大、整体性好，冲击影响小，故不计冲击力。

冲击影响与结构的刚度有关。一般来说，跨径越大、刚度越小对动荷载的缓冲作用越强，以往规范近似地认定冲击力与计算跨径成反比（直线变化），无论是梁式桥还是拱式桥等，均规定在一定的跨径范围内考虑汽车荷载的冲击力作用。此模式计算方便，但不能合理、科学地反映冲击荷载的本质。《公路桥涵设计通用规范》（JTG D60—2004）结合公路桥梁可靠度研究的成果，采用了结构基频来计算桥梁结构的冲击系数。

汽车荷载的冲击系数可表示为：

$$\eta = \frac{Y_{dmax}}{Y_{jmax}} \tag{4-2}$$

式中：Y_{jmax}——在汽车过桥时测得的效应时间历程曲线上，最大静力效应处量取的最大静力效应值；

Y_{dmax}——在效应时间历程曲线上最大静力效应处量取的最大动效应值。

吉林省交通科学研究所利用动态测试系统经12h连续观测，从跨径6m的钢筋混凝土矩形板桥到跨径45m的预应力混凝土箱梁桥共7座跨径不同、初始条件不同的桥梁的实测中收集了6 600多个具有一定代表性的冲击系数样本。经统计参数的估计和概率分布的优度拟合检验，表明各种桥梁汽车荷载冲击系数均不拒绝极值Ⅰ型分布。按照国际上通用的习惯做法，取保证率95%的数值作为公路桥梁的冲击系数，通过回归分析，得到冲击系数与桥梁结构基频之间的关系曲线，经适当修正后即为本规范的公式。

华中科技大学曾利用反应谱理论及随机过程理论来分析计算桥梁受车辆冲击作用的影响，用动力放大系数描述车辆的动力特性、桥梁的结构形式及其动力特性对冲击系数的影响，用桥面状况系数描述桥面平整度、车辆动力特性、行车速度等因素对冲击系数的影响，利用大量实测数据进行分析，得到了与本规范规定相吻合的曲线。其较加拿大的方法所考虑的因素更为全面。

桥梁结构的基频反映了结构的尺寸、类型、建筑材料等动力特性内容，它直接反映了冲击系数与桥梁结构之间的关系。不管桥梁的建筑材料、结构类型是否有差别，也不管结构尺寸与跨径是否有差别，只要桥梁结构的基频相同，在同样条件的汽车荷载下，就能得到基本相同的冲击系数。本规范采用的冲击系数曲线与美国、加拿大、日本、法国等国家的相关标准规定的曲线相比，变化规律是一致的。

桥梁的自振频率（基频）宜采用有限元方法计算。对于如下常规结构，当无更精确方法计算时，也可采用下列公式估算：

（1）简支梁桥

$$f_1 = \frac{\pi}{2l^2}\sqrt{\frac{EI_c}{m_c}} \tag{4-3}$$

$$m_c = \frac{G}{g} \tag{4-4}$$

式中：l——结构的计算跨径（m）；

E——结构材料的弹性模量（Pa）；

I_c——结构跨中截面的截面惯矩（m⁴）；

m_c——结构跨中处的单位长度质量（kg/m），当换算为重力计算时，其单位应为（N·s²/m²）；

G——结构跨中处延米结构重力（N/m）；

g——重力加速度，$g = 9.81\text{m/s}^2$。

（2）连续梁桥

$$f_1 = \frac{13.616}{2\pi l^2}\sqrt{\frac{EI_c}{m_c}} \tag{4-5}$$

$$f_2 = \frac{23.651}{2\pi l^2}\sqrt{\frac{EI_c}{m_c}} \tag{4-6}$$

计算连续梁的冲击力引起的正弯矩效应和剪力效应时，采用基频f_1；计算连续梁的冲击力引起的负弯矩效应时，采用基频f_2。

（3）拱桥

$$f_1 = \frac{\omega_1}{2\pi l^2}\sqrt{\frac{EI_c}{m_c}} \tag{4-7}$$

式中的ω_1为频率系数，可按下列公式计算：

①当主拱为等截面或其他拱桥（如桁架拱、刚架拱等）时：

$$\omega_1 = 105 \times \frac{5.4 + 50f^2}{16.45 + 334f^2 + 1867f^4} \tag{4-8}$$

式中：f——拱桥矢跨比。

②当主拱为变截面拱桥时：

$$\omega_1 = 105 \times \frac{r_1 + r_2 f^2}{r_3 + r_4 f^2 + r_5 f^4} \tag{4-9}$$

式中的r_i为系数，可按下式确定：

$$r_i = R_i \times n + T_i \tag{4-10}$$

式中：n——拱厚变化系数；

R_i、T_i——系数，数值由表4-3查得。

表4-3　系数R_i、T_i值

i	1	2	3	4	5
R_i	3.7	34.3	16.3	364	1955
T_i	1.7	15.7	0.15	-30	-88

（4）双塔斜拉桥的竖向弯曲基频

无辅助墩斜拉桥：

$$f_1 = \frac{110}{l} \tag{4-11}$$

有辅助墩斜拉桥：

$$f_1 = \frac{150}{l} \tag{4-12}$$

式中：l——斜拉桥主跨跨径（m）；

f_1——竖向弯曲基频（Hz）。

（5）单跨简支悬索桥的反对称竖向弯曲基频

$$f_1 = \frac{1}{l}\sqrt{\frac{EI\left(\frac{2\pi}{l}\right)^2 + 2H_g}{m}} \tag{4-13}$$

式中：f_1——反对称竖向弯曲基频（Hz）；

l——悬索桥的主跨跨径（m）；

EI——加劲梁竖弯刚度（N·m²）；

H_g——恒荷载作用下单根主缆的水平拉力（N）；

m——桥面系和主缆的单位长度质量（kg/m），$m = m_d + 2m_c$；

m_d——桥面系单位长度质量（kg/m）；

m_c——单根主缆单位长度质量（kg/m）。

4.3.3 桥梁离心力是一种伴随着车辆在弯道行驶时所产生的惯性力，其以水平力的形式作用于桥梁结构，是弯桥横向受力与抗扭设计计算所考虑的主要因素。

离心力的大小与平曲线半径成反比。原规范规定，当桥梁曲线半径小于或等于250m时，应计算汽车荷载引起的离心力。但当曲线桥桥墩较高时，即使桥梁曲线半径大于250m，离心力较小，由于墩高影响，离心力产生的弯矩也较大，不能忽略。因而，本条取消了原规范规定的小于或等于250m时计算离心力的限制要求。

长安大学曾做过车辆离心力的实测试验及其试验数据的概率分析。试验所选择的曲线路段的弯道半径有75、100、125、150、200、250、300、400和500m等，车速分别控制在40、50、60、70、80km/h左右。在剔除异常值后得到有效数据227组。经过分析，离心力系数实测值与理论值之比的概率分布服从于正态分布，其均值系数为1.037 9，标准差0.223 4，变异系数0.215 2。实测结果与理论计算结果吻合较好。

4.3.4 长期来，汽车荷载在桥台或挡土墙上引起的土侧压力，都是按汽车轮重换算为等代均布土层厚来计算，本次规范修订仍采用这个模式。计算分析表明，由于在总的土侧压力中土自重引起的土压力所占的比例较大，不同荷载等级对总土侧压力的影响不是很大，对桥台或挡土墙尺寸确定的影响更小。本规范的土侧压力不分荷载等级，均用车辆荷载进行计算。

在实际工程中，挡土墙的分段长度一般为10~15m，而本规范规定的车辆荷载，其前后轴距为12.8m。因此，当挡土墙分段长度小于13m时，破坏棱体内的车轮应按最不利情况布置，这些车轮重全部由挡土墙承受；当挡土墙分段长度大于13m时，则车轮重应作分布，视扩散长度取挡土墙的计算长度：扩散长度不超过分段长度时取扩散长度，扩散长度超过分段长度时取分段长度。对于桥台，在破坏棱体内按横桥向布置的所有轮重均由它承担。

4.3.5 汽车制动力的计算仍沿用了原规范的方法，即以布置在荷载长度内一行汽车车队总重力的百分数表示。

汽车荷载制动力按车道荷载的10%取值。这是个名义值，在很多情况下其值偏低，需要作制动力最小值的限制。本规范规定公路—Ⅰ级汽车荷载时制动力为165kN，公路—Ⅱ级汽车荷载时制动力为90kN；当多车道时，该值在乘上车道数后再进行折减。

关于制动力传递和分配于支座或墩台的规定，也维持原规范不变。刚性墩台，制动力全部由固定支座传递，但考虑活动支座有摩阻力存在，它仍传递一部分制动力。但对设有板式橡胶支座的刚性墩台，制动力按跨径两端板式橡胶支座的抗推刚度进行分配；当两端支座相同时，各分配50%。对设有板式橡胶支座的柔性墩台，制动力采用支座与墩台刚度集成方法进行传递和分配。连续桥面简支梁（板）桥或连续梁（板）桥的计算方法和示例可参考袁伦一编《连续桥面简支梁桥墩台计算实例》（人民交通出版社，1995、1998年）和王伯惠、徐风云编著的《柔性墩台梁式桥设计》（人民交通出版社，1994年）。

4.3.6 公路桥梁可靠度研究组曾对人群荷载进行过调查，实测的范围包括全国六大片区的沈阳、北京、上海等10个城市的30座桥梁。每座桥梁选其行人高峰期观测3天。观测的方法是在不同宽度的人行道上任意划出$2m^2$面积和10、20、30m观测段，分别连续记录瞬时出现其上的最多人数，人体标准重经大量称重统计取0.65kN，据此计算每平方米的人群荷载。根据不同的观测方法，采用随机变量和随机过程（荷载持续时段取为一年）两种模型进行统计分析。结果表明，人群荷载可以用极值Ⅰ型概率分布类型来描述，其0.95分位值为$3.0kN/m^2$。从观测的数据可明显地看出，随着观测段的增长，人群荷载不断减小。

本规范将人群荷载标准值按调查分析结果确定为$3.0kN/m^2$。考虑跨径较小时，人群荷载所占总荷载的比例较大，为确保大量的简支梁不小于原规范的规定值，规定计算跨径$L_0 \leqslant 50m$时，人群荷载标准值均采用$3.0kN/m^2$；计算跨径$L_0 \geqslant 150m$时，按0.85折减，采用$2.5kN/m^2$。上述人群荷载调查数据多来自城市桥梁行人高峰期，而公路桥梁上一般行人较少，将调查分析结果用于公路桥梁设计，应该是偏安全的。但调查实桥的数量毕竟不多，其代表性尚有欠缺，因此，对城镇郊区行人密集的桥梁，其人群荷载标准值在调查统计的基础上再提高15%。

专用人行桥梁，人群荷载标准值参考相关国内外标准采用。

4.3.7 本次修订增加了疲劳荷载计算模型。

疲劳荷载计算模型Ⅰ对应于无限寿命设计方法，这种方法考虑的是构件永不出现疲劳破坏的情况。与其他疲劳荷载计算模型相比，该模型比较保守，特别是对有效影响线长度超过110m的桥梁。

疲劳荷载计算模型Ⅱ为双车模型，该模型车是根据"公路桥梁疲劳设计荷载标准研究"的研究结论给出的。

疲劳荷载计算模型Ⅲ车重最重，轮数较少，适用于正交异性板、横隔板/梁、纵梁等直接承受车轮荷载的构件的疲劳验算。考虑到这些构件对车轮位置更加敏感，给出了这种疲劳车的横向轮距以及轮胎接地面积。

荷载模型Ⅲ不考虑后跟其他车辆的情况。

疲劳荷载计算模型Ⅱ以及疲劳荷载计算模型Ⅲ加载仅按单车道加载，多车道效应通过多车道效应系数考虑，具体参见现行《公路钢结构桥梁设计规范》（JTG D64）。

4.3.9 位于流水中的桥墩，其上游迎水面受到流水压力，流水压力的大小与桥墩的平面形状、墩台表面的粗糙率、水流速度、水流形态、水温及水的黏结性有关。

圆形、圆端形或尖端形桥墩可减小流水压力。

当流速大于10m/s时，需考虑水流的脉动冲击压力。

4.3.10 近年来，我国修建了一批近海和跨越海湾、海峡的桥梁工程，其下部结构在波浪和海流共同作用下，受到较大强度的波浪力作用，波浪力的效应不能忽略。

各海域的水文条件不同，波浪和海流的影响因素复杂，且桥梁墩台的结构形式多样，难以规定统一的波浪力标准值。我国几座大桥都是在设计前期，开展专门的波浪水流数学模型或物理模型试验来确定桥梁下部结构所受的波浪力，并通过现场波浪力观测，对试验研究成果的准确性、正确性进行检验。因而，本规范推荐通过专题研究来确定波浪力的大小。当缺乏针对性研究时，可参照相关行业标准规范的规定计算。《海港水文规范》（JTS 145-2—2013）给出了建立在绕射理论基础之上的圆形墩柱、基础一次近似解的结果，对于方形或矩形墩柱波浪力计算，给出了经验计算方法或换算成圆形进行计算的公式。这些公式都有一定的适用范围，应用时，要注意其适用条件。

4.3.11 本条提出的冰压力计算公式，仅适用于通常的河流流冰情况，公式是以与冰破碎极限强度等强建立起来的。公式中冰的抗压强度标准值、水温系数和其他相关系数，是在参考了苏联规范 СНиП 2.05.03—84 与其他资料后确定的。

4.3.12 桥梁结构处于自然环境中，将受到温度作用的影响，例如，常年气温变化导致桥梁沿纵向均匀地位移，这种位移不产生结构内力，只有当结构的位移受到约束时才会引起温度次内力，这是温度作用的一种形式。太阳辐射是温度作用的另一种形式，它使结构沿高度或宽度方向形成非线性的温度梯度，导致结构产生次应力。本规范称前者为均匀温度作用，后者为梯度温度作用。

2 均匀温度作用

计算桥梁结构因均匀温度作用引起外加变形或约束变形时,应从结构受到约束(架梁或结构合龙)时的结构温度作为起点,计算结构最高和最低有效温度的作用效应。本规范表4.3.12-2给出了不同气温区域的结构有效温度标准值。表中数值是按各自区域里各地差异不大的气温从中选择适当的温度,用下列公式换算得到:

气温在20~45℃之间时:

钢桥面板钢桥

$$T_e = 38.00 + \frac{T_t - 20}{2.00} \tag{4-14}$$

混凝土桥面板钢桥

$$T_e = 28.23 + \frac{T_t - 20}{1.44} \tag{4-15}$$

混凝土桥、石桥

$$T_e = 24.14 + \frac{T_t - 20}{1.40} \tag{4-16}$$

气温在-2~-50℃之间时:

钢桥面板钢桥

$$T_e = -1.48 + \frac{T_t}{0.91} \tag{4-17}$$

混凝土桥面板钢桥

$$T_e = -0.12 + \frac{T_t}{1.21} \tag{4-18}$$

混凝土桥、石桥

$$T_e = \frac{T_t + 1.85}{1.58} \tag{4-19}$$

式中:T_e——结构有效温度标准值(℃);

T_t——气温,混凝土结构可取当地历年最高日平均温度或最低日平均温度,钢结构可取当地历年最高温度或最低温度。当为0℃以下时取负值。

3 竖向梯度温度作用

关于竖向梯度温度作用问题,《公路桥涵设计通用规范》(JTG D60—2004)曾对新西兰规范、英国BS 5400、美国AASHTO规范、国内铁路规范和《公路桥涵设计通用规范》(JTJ 021—89)的竖向温度梯度曲线进行了多座实桥的应力计算比较。结果表明,新西兰规范和我国铁路规范中梯度温度作用产生的效应最大,《公路桥涵设计通用规范》（JTG D60—2004）最小，英国 BS 5400 和美国 AASHTO 规范居中。考虑美国规范的温度曲线比较简单，计算起来也较为快捷，本规范采用了该规范的温度梯度曲线，并作了适当修改。

本条中，竖向梯度温度曲线最高值 T_1 指桥面板表面处，不包括铺装层。T_1 根据桥面铺装情况，按表4.3.12-3确定。

（1）铺装层采用单层沥青混凝土时，梁顶 T_1 根据铺装层厚度在20℃、14℃或之间线性内插取用。

（2）铺装层采用单层混凝土时，$T_1 = 25℃$。

（3）铺装层底层为水泥混凝土，顶层为沥青混凝土时，T_1 可根据沥青混凝土厚度取用，不考虑底层水泥混凝土。

（4）当利用梁顶一部分水泥混凝土整平层参与梁的抗弯计算时，则被利用的那一部分厚度作为梁高的一部分，该厚度的顶面就是梁高顶面，T_1 为该顶面处温度。此时，该结构为组合结构，铺装层水泥混凝土的强度等级要与梁体协调，并考虑结合面的抗剪问题。

4 横向梯度温度作用

本次修订增加了横向温度梯度作用的有关规定。本条第4款的规定参考了中交公路规划设计院有限公司、湖北鄂东长江公路大桥有限公司等单位研发的"超大跨混合梁斜拉桥建设关键技术"项目的研究成果。对于无悬臂的宽幅箱梁，宜考虑横向温度梯度引起的效应。横向温度梯度作用一般根据桥梁的地理位置、环境条件等因素经调查研究确定；无实测温度数据时，可采用图4-1所示的横向梯度温度曲线。图4-1中 B_1 为边箱宽度、B 为箱梁半宽。横向梯度温度取值见表4-4。

表4-4 横向梯度温度取值

结构类型	T_1（℃）	T_2（℃）
混凝土箱梁	4.0	-2.75
钢箱梁	3.0	-1.5

6 施工阶段沥青摊铺引起的温度影响

近年来高等级公路桥面铺装已广泛采用沥青混凝土铺装。沥青混凝土摊铺时要求高温操作，施工时摊铺温度往往可高达150℃左右，如此高的温度将在主梁内引起较大的温差分布。对于采用混凝土桥面板的桥梁，沥青高温摊铺可能会导致主梁混凝土原有裂缝的扩展及新裂缝的产生，影响桥梁结构的耐久性，必要时设计需考虑沥青摊铺温度作用影响。

4.3.13 上部结构因温度变化引起的伸长或缩短以及受其他纵向力的作用，活动支座将产生一个方向相反的力，即支座摩阻力。摩阻力的大小取决于上部结构传给支座的反力大小、支座类型以及材料等。

活动支座承受的纵向力，不容许超过支座与混凝土或其他结构材料之间的摩阻力。

该纵向力一般为制动力和温度、收缩作用。本规范规定的支座摩擦系数取自《公路钢筋混凝土及预应力混凝土桥涵设计规范》（JTG D62）、《公路桥梁盆式支座》（JT/T 391）和《桥梁球型支座》（GB/T 17955）。

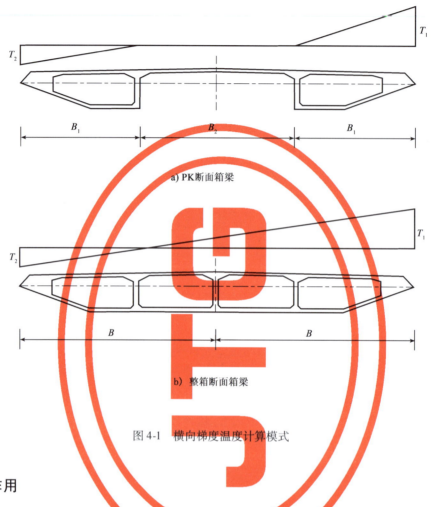

图 4-1 横向梯度温度计算模式

4.4 偶然作用

4.4.1 跨越江、河、海湾的桥梁，应考虑船舶对桥梁墩台的撞击作用。

船舶与桥梁结构的碰撞过程十分复杂，与碰撞时的环境因素（风浪、气候、水流等）、船舶特性（船舶类型、船舶尺寸、行进速度、装载情况以及船首、船壳和甲板室的强度和刚度等）、桥梁结构因素（桥梁构件的尺寸、形状、材料、质量和抗力特性等）及驾驶员的反应时间等因素有关，因此，精确确定船舶与桥梁的相互作用力十分困难。

根据通航航道的特点及通行船舶的特性，可以将需要考虑船舶与桥梁相互作用的河流分为内河和通行海轮的河流（包括海湾）两大类。前者的代表船型主要为内河驳船货船队，依据《内河通航标准》（GB 50139），四至七级内河航道对应的船舶吨位分别为500、300、100和50t。通行海轮航道的代表船型为海轮。两者与桥梁结构发生撞击的机理有所区别，结果也大不一样。

关于船舶与桥梁的撞击作用，应开展专题研究，成果经审批及办理其他手续后作为确定的作用值。当无实测资料或针对性研究成果时，可采用本规范表 4.4.1-1 和表 4.4.1-2 的规定值。

对于一、二、三级内河航道船舶撞击作用，鉴于桥梁防撞等级及结构安全等级的重要性，一般设计过程中均通过专题研究来确定，且原规范规定的数值与研究结果相比偏小。因此，本次规范修订取消了一、二、三级内河航道船舶撞击作用设计值规定。

内河船舶对桥梁墩台的撞击作用设计值可以按"静力法"，即假定作用于桥梁墩台上的有效动能全部转化为静力功，并采用一些经验系数经计算得到。

近海通行海轮区域的船舶与桥梁墩台的碰撞作用与内河上船舶与桥梁墩台的碰撞作用有许多不同之处。20 世纪 70 年代中期以来，一些国家和国际组织开展了许多相关的研究工作，取得了许多研究成果，并在不同场合用于一些工程实践。其中主要有米诺斯基碰撞理论、沃辛碰撞理论、汉斯—德鲁彻理论和能量交换原理等。

本规范表 4.4.1-2 所列海轮的船舶撞击力设计值，是在对国内外有关船舶撞击力计算公式及有关研究成果经综合分析、比较的基础上综合确定的。顺桥向的撞击力设计值取横桥向撞击力设计值的 1/2。本规范的规定值大多数小于国外的研究结果或规定值，但与我国自己的研究成果相近。

4.4.3 本规范规定的汽车撞击荷载设计值参考了国外相关规范。为防止或减少因撞击而产生的破坏，对易受到汽车撞击的结构构件的相关部位可采取相应的构造措施，并增设钢筋或钢筋网。如果有防撞设施，汽车撞击力设计值可根据防撞设施的防撞能力予以折减，如英国 BS 5400 规范规定，通过安全护栏撞向结构构件的撞击力为 150kN。